# Vom Ich *und anderen Untiefen*

Manche Grube für den
der zu verstehen glaubt.

# Zu diesem Buch

Aphorismen sind Splitter aktiven Denkens, die in knappster Form eine dezidierte Aussage zu einem Thema machen; oder sie entstehen intuitiv als Reflektionen im Alltag des Denkenden, wie diese kleine Sammlung. In ihnen spiegeln sich sporadische Stimmungen und Beobachtungen des Ichs und dessen Umwelt. Sie sind über die Jahre in verschiedenen Lebensphasen entstanden, aus Erlebnissen und Einsichten, als Zwiegespräche mit sich selbst und der Welt. Der Wildwuchs wird nicht streng beschnitten; so bewahren die Gedankensplitter ihre Ursprünglichkeit. Der sich angesprochen fühlende Leser mag sich seines eigenen Denkens und Empfindens bewußt werden, den einen oder anderen Gedanken aufgreifen und zu eigenem Nutzen weiterdenken und durchleben.

Viele der Aphorismen sind sehr kurz, ein Anriß, Tasten, Versuchen, manchmal auch eine Selbstbestätigung. Gefühl und Intellekt spielen zusammen, man gerät blitzartig „außer sich". Dabei ist sich der Autor der Begrenztheit jeder Aussage bewußt. Oft genug zieht er seine Worte selbst in Zweifel, und mit seinen Fragen hält er inne. So bleibt das Denken stets auf dem Weg – für den nach den „letzten" Gründen Suchenden das Wichtigste - und mißt sich an anderem Denken und der handelnden Wirklichkeit.

Zur Einsicht in die Begrenztheit des Denkens gehört es auch, daß der Widerspruch zwischen Wort und Tat, wo er offensichtlich wird, sich meist nicht auflösen läßt. Der Dichter, ähnlich dem Philosophen in seinen Gedankengebäuden, verinnerlicht seine Gedanken und Gestalten in ihrer ganzen geistig-seelischen Körperlichkeit, aber im Wirken nach außen bleiben sie Teile oder Ansätze. Der Denkende durchlebt wohl die Vielfalt der Lebensmöglichkeiten vor seinem geistigen Auge, zu verwirklichen vermag sich der Gedanke jedoch nur in der Beschränkung und im einzelnen Individuum.

Am Ende stehen im Anhang einige Gedichte in zeitlicher Reihenfolge aus zurückliegenden Jahren.

# Hans Wilhelm Finger

# Vom Ich
## *und anderen*
## *Untiefen*

Mit einem Anhang in Versen

Seite 201 ff

Wiesenburg Verlag

Bibliographische Information Der Deutschen Bibliothek:
Die Deutsche Bibliothek verzeichnet diese Publikation
in der Deutschen Nationalbibliographie;
detaillierte bibliographische Daten sind im Internet
über http://dnb.ddb.de abrufbar.

Erste Auflage Oktober 2004
Wiesenburg Verlag
Postfach 4410, 97412 Schweinfurt
www.wiesenburgverlag.de
Alle Rechte beim Verlag
Druck: Cicero Druck, Nürnberg
Umschlag: Media-Print-Service, Dittelbrunn

ISBN 3-937101-24-1

## Frohgemute Ausfahrt

Silbern glänzt das fremde Meer bis zum lockenden Horizont und webt des Schiffers Sehnen mit hinein. Er ahnt, daß die Gewässer trügerisch sind, voller Untiefen und verborgener Klippen. Sein Maat versucht das bleierne Lot wieder und wieder und nennt die Tiefe. Da läuft der Faden bis ans Ende, und er ruft: "Kein Grund."

Erwarte nicht prächtige Gedankengebäude,
erwarte nicht eine neue Welt,
erwarte – dich.

## 1
### Ideale
Sein Ideal trägt jeder in sich. Es ist ein Winziges in uns, knospend oder blühend, verkümmert oder mächtig.

## 2
### Schicksal
Schicksal ist Gesetz. Mach es zu deinem Gesetz.

## 3
### Wille und Vernunft
Des Lebens bestes Steuer ist der Wille in der Vernunft.

## 4
### Glaube und Märchen
Der Glaube - das Märchen, die Nahverwandten.

## 5
### Jugend und Zukunft
In der Jugend stehen wir am weitesten in der Zukunft.

## 6
### Rätsels Lösung
Je tiefer uns das Rätsel erregt, um so oberflächlicher berührt uns die Lösung.

## 7
### Wege schaffen
Wer zu verdummen sucht, verdummt sich leicht noch an seinem Opfer.

## 8
### Erfinden und Entdecken
Wer in seiner Wüste einen Weg sucht, müht sich vergebens, es sei denn, er schafft ihn erst.

## 9
**Launen des Lebens**
Wie launisch ist oft das Leben: Liebst du es, so beraubt es dich, haßt du es, so beschenkt es dich.

## 10
**Gott**
Du suchst IHN über den Sternen? Es gibt nur den einen „Gott" in dir.

## 11
**Ertragen**
Alles ist zu ertragen, solange man sich nicht selber zur Last wird.

## 12
**Vom Entdecken**
Vieles muß erst erfunden werden, was entdeckt werden soll.

## 13
**Lüge und Wahrheit**
Eine ständig wiederholte Lüge wird schließlich zur Wahrheit.

## 14
**Wert und Glanz**
Deinen Wert erhältst du durch dich selbst, deinen Glanz von anderen.

## 15
**Welträtsel**
Im Menschen offenbart sich das Welträtsel, er durchlebt es, es durchwebt ihn. So führt Ich-Erkenntnis zur Erkenntnis unserer Welt – und umgekehrt.

### 16
**Augenblicke**
Fasse den Augenblick, wie du ihn ewig fassen würdest.

### 17
**Vom Verbergen**
Er redet offen, wenn er sich verbergen will.

### 18
**Wille und Sehnsucht**
Es gibt so viel Sehnsucht, es sollte mehr Wille geben.

### 19
**Wille und Kraft**
Zwingt euch zum Willen, dann habt ihr auch die Kraft.

### 20
**Stillstand**
Alles Absterbende steht still, alles Stillstehende stirbt.

### 21
**Trieb und Begierde**
Da überwältigt ihn die Begierde nach dem Trieb.

### 22
**Irrtümer**
Hat man etwas gut durchdacht und verbindet sich das Ergebnis mit einem Hochgefühl über das Erreichte, so ist das nicht Bestätigung des Ergebnisses, sondern lediglich Schaffensfreude.

### 23
**Macht und Geist**
Macht ist die letzte Konsequenz des Geistes, ist sein Irrlicht. Sie kann nur eingebunden wirken

### 24
**Vom Sinn**
Die volle Seele fragt ohne Not nach dem Sinn, sie ist sich selber Sinn.

### 25
**Aufgeben**
Gib dich nie verloren - niemals!

### 26
**Herabziehen**
Wo sie nicht hinauf können, ziehen sie herab. - Besser sie gingen still vorüber.

### 27
**Das Recht**
Was nützt uns das Recht, wenn wir es nur seiner selbst willen ausüben?

### 28
**Lebenssinn**
Sinnlos sei das Leben, daß wir ihm den Sinn geben.

### 29
**Vom Verbergen**
Wer wenig zu verbergen hat, hütet oft seinen kleinen Schatz am heimlichsten.

### 30
**Inneres Feuer**
Die kranken Feuer sind oft die hellsten.

### 31
**Hinter Gittern**
Hinter Gittern wird selbst ein Tier schlecht.

### 32
### Sich entdecken
Warum wartet ihr auf die Offenbarung? Entdeckt euch und die Welt.

### 33
### Selbsterkenntnis
Die Selbsterkenntnis passiv, also negativ, wenn sie mehr sein soll als ein Baustein.

### 34
### Von der Liebe
Liebe allein erzeugt keine Gegenliebe.

### 35
### Seine Wahrheit
Nie kann er die Wahrheit über sich sagen, es sei denn, er spräche mit gespaltener Zunge.

### 36
### Relativität
Der Relativität als Beschreibung eines Zustands ist mit tiefem Mißtrauen zu begegnen, sobald sie mehr als eine begrenzte Aussage ist. In der Physik erklärt sie, im täglichen Leben verbirgt sie.

### 37
### Lebensstunden
Wer mit des Lebens Stunden geizt, dem sind sie schnell verflogen.

### 38
### Von reifen Früchten
Eine reife Frucht ist dazu da, um gepflückt, gegessen und - verdaut zu werden.

### 39
**Sein und Werden**
Sein ist Bewegung, Leben ist Werden.

### 40
**Schönheit**
Lächerlich, daß alles Schöne eitel Tand sein soll. Was auf die Seele drückt, das prägt sie.

### 41
**Vorsicht**
Mitwisser - Mitesser.

### 42
**Schwächen**
Übung: Nimm eine deiner Schwächen, und mache daraus eine deiner Stärken.

### 43
**Auf- und Abstieg**
Wo ein Abstieg ist, muß ein Aufstieg sein.

### 44
**Gott**
Gott ist keine leere Formel, Millionen von Gläubigen geben ihm den Inhalt.

### 45
**Lebenskraft**
Überwinden ist Lebenskraft.

### 46
**Vom Schöpferischen**
Ewiges Suchen macht den Menschen schöpferisch, und am schöpferischen Menschen wächst die Menschheit.

## 47
**Gott in allem**

In allem Lebendigen keimt ein Gott.

## 48
**Höchste Freude**

Höchste Freude gipfelt im Schmerz.

## 49
**Junges Ich**

Das junge Ich braucht etwas, woran es sich emporranken kann.

## 50
**Ein Fall**

Sie täuschen einen Fall vor, hinter dem sie sich verbergen.

## 51
**Das Kreuz**

Vor der Sonne wirft auch das Kreuz seinen Schatten.

## 52
**Freundschaft**

Freundschaft ist Harmonie zwischen zwei abgestimmten Seelen.

## 53
**In der Ferne**

In der Ferne weilen unsere schönsten Gedanken.

## 54
**Macht wollen**

Dieser erbärmliche kleine Trotz. Die Macht wollen, aber den Weg dorthin nicht wissen.

## 55
**Frage und Antwort**
Die richtige Frage ist die halbe Antwort.

## 56
**Dich wollen**
Dich selber sollst du wollen.

## 57
**Lebensschwere**
Schwer schien ihm das Leben, denn schwer trug er an sich selbst.

## 58
**Freundschaft**
Das, was wir Freundschaft nennen, ist Egoismus im Unbewußten.

## 59
**Freiheit und Gefahr**
Das höchste Gut des Menschen ist seine Freiheit - und seine größte Gefahr.

## 60
**Irrtum und Wahrheit**
Wer sagt uns, ob Irrtum nicht Wahrheit ist? Und Irrtum, ist das nicht manchmal die Wahrheit, die wir nicht verstehen wollen – oder die einer anderen Zeit?

## 61
**Gewißheiten**
Hast du endlich den Schluß gefunden, kommt bald Unmut in dir auf, als sei der Schluß doch nicht das hintergründig Letzte. - Die Gewißheit mußt du dir erst noch erzwingen.

## 62
### Sich kennen
Wer sich sieht und sich kennt, der muß sich verachten. Aber damit können wir nicht leben! Also lieben wir uns.

## 63
### Unethisch
So zu lieben, daß sich der Geliebte vor dieser Liebe fürchtet.

## 64
### Sinn im Tun
Das schicksalhafte Tun wird zum Sinn – nichts weiter.

## 65
### Etwas verbergen
Was verbirgt sich hinter seiner Offenheit?

## 66
### Gewisse Menschen
Mit gewissen angenehm und fesselnd erscheinenden Menschen lasse man sich nicht tiefer ein, sie verlieren dann nur.

## 67
### Über Grenzen
Ziehe deine Grenzen beizeiten vor dem Uferlosen.

## 68
### Wissen allein nicht
Wissen allein erfüllt und befreit nicht.

## 69
### Wahrheit und Subjekt
Die Wahrheit ist nur aus dem Subjekt erkennbar.

### 70
**Die Wahrheit**
Wie langweilig sie doch ist, die „Wahrheit", sie geht uns nichts an, denn wir sind schöpferisch.

### 71
**Uns selbst wollen**
Wir können nur wollen was uns vorgezeichnet, können nur uns selbst wollen.

### 72
**Schaffenslust**
Mit der Lust am Schaffen wächst die Lust am Zerstören.

### 73
**Gott und Mensch**
Wie klein muß sich doch der biblische Gott vor dem humanistischen Menschen fühlen.

### 74
**Ketten**
Die selben Ketten, die vor dem Fallen bewahren, hindern am Steigen.

### 75
**Genies und ihre Zeit**
Genies irren solange nicht, wie die Gesetze ihrer Zeit gelten. So sind sie Gradmesser ihrer Zeit, nicht der Zukunft.

### 76
**Zukunft in uns**
In uns leben die Wurzeln der Zukunft – entdecke die Wege, baue zu den Zielen hin.

### 77
**Ungeduldige Triebe**

Hinter den Verhüllungen warten die Urtriebe, scharen ungeduldig mit ihren Hufen.

### 78
**Neue Wege**

Endlich haben sich die alten Wege verbaut. Und da beginnt ein Ächzen und Stöhnen. – Auf denn, wir wollen neue Wege gehen zu neuen Zielen.

### 79
**Das Gesetz**

Wir können das Gesetz nur schöpferisch nutzen, wenn wir in ihm stehen.

### 80
**Erkenntnis früher Bote**

Erkenntnis als früher Bote der Wandlung.

### 81
**Neues schaffen**

Vieles muß erst noch geschaffen werden, was unsere besten und mutigsten Gedanke fordern, nicht zuletzt wir selbst.

### 82
**Vom Adel**

Den alten Adel verpflichtete die Vergangenheit, den neuen die Zukunft. Woher kommst du? – Nein, wohin gehst du!

### 83
**Vom Träumen**

Hinter Vorhängen wird am besten geträumt.

## 84
**Relative Nacht**
In der ewigen Nacht würde niemand behaupten, es sei Nacht.

## 85
**Mensch und Schwäche**
Bedrückend, einen Menschen hilflos in seiner Schwäche zu sehen.

## 86
**Lob des Lebens**
Lob dem Leben vor dem Tode.

## 87
**Macht**
Überwinden schenkt Macht.

## 88
**Vom Leib**
Leib ist Schicksal.

## 89
**Nur Wandlung**
Es gibt keine Ursache, es gibt nur eine Wandlung, ein Entstehen und Vergehen.

## 90
**Freiheit**
Mit der Möglichkeit beginnt die Freiheit.

## 91
**Gottesbegriff**
Gott wurde zum Begriff, denn nur ein Begriff konnte geistig fortentwickelt werden.

92
### Gold und Macht
Im Gold ist es der Glanz der Macht der blendet.

93
### Aktiv denken
Das aktive Denken steckt noch in den Kinderschuhen.

94
### Freiheit und Gefahr
Gefährlich leben durch ein Höchstmaß an Freiheit.

95
### Am Anfang
Am Anfang des Ichs stehen Freiheit, Irrtum und Spiel.

96
### Geist und Musik
Wie viel näher als die Seele steht doch der Geist der Musik.

97
### Seelenspiel
Wer spielt da auf den Saiten meiner Seele, daß sie so bezaubernd schaurig erklingen?

98
### Schaukunst
Wo sind die Schauspieler und Hochstapler, die nicht zu gern ihre Kunst zur Schau stellten – und sich so entlarven?

99
### Vom Selbst
Immer liegt noch etwas dahinter - das bist du selbst.

## 100

**Menschheit**
Die Menschheit ist ihr eigenes Material.

## 101

**Schauspieler**
Wir sind allesamt Schau-Spielende.

## 102

**Ernst und Spiel**
Du meinst, du seiest ernst in deiner Wahrheit. Tor, du spielst nur gut.

## 103

**Vom Fluß**
Wo kein Damm ist, fließt kein Fluß.

## 104

**Vom Schreiben**
Vor dem weißen Blatt Papier verliert manche Seele ihre Scham.

## 105

**Das Leben meistern**
Wie kannst du das Leben meistern, wenn du nicht in ihm stehst?

## 106

**Tief in uns**
In jedem Menschen gibt es ein verschwiegenes Heiligtum, das man nur erahnen, nicht erfragen darf.

## 107

**Erwartungen**
Wer erfüllte gern eine Erwartung, deren Erfüllung nicht mit seinem Willen übereinstimmte?

### 108
**Erfüllung und Macht**
Die Frau sucht Erfüllung, der Mann Macht.

### 109
**Beeinflußbarkeit**
Man beeinflußt ihn nicht, man weckt ihn nur.

### 110
**Wort und Gedanke**
Mit dem Wort im Munde haben wir das Gefühl, aus dem es entstanden ist, schon verloren. Es ist etwas Neues geworden, das auf uns zurückwirkt.

### 111
**Irrtum und Wahrheit**
Ein Irrtum deckt den anderen auf. – Und die wirkende Wahrheit? Das ist die Macht hinter der individuellen Erkenntnis und dem Zeitgeist.

### 112
**Grenzen des Denkens**
Denken ohne begrenzenden Zweck führt zur Vision.

### 113
**In Winden stehen**
Was kann der junge Baum dafür, daß der Wind ihn so hin und her biegt? Vielleicht schüttelt auch dich so ein Wind.

### 114
**Vom Philosophieren**
Beim Philosophieren sich nicht zu sehr in Einzelheiten verlieren, es sind Stimmungen, sonst geht allzu leicht der Zusammenhang verloren.

### 115
**Rede ins Nichts**
Viel redet und denkt der Mensch - schweigend dreht sich die Erde.

### 116
**Leidenschaft**
Leidenschaft - phantastisches Leiden.

### 117
**Wir Träumer**
Der Mensch, die ganze Menschheit träumt noch.

### 118
**Alles erlaub**
Der Wille wirft sich zum Maß aller Werte auf und sagt: Alles ist erlaubt. Wo bleibt da Einsicht und Selbstbeschränkung?

### 119
**Unschuld**
Nur deiner Unschuld sei verantwortlich.

### 120
**Wie schreiben**
Schreiben und philosophieren mit Instinkt.

### 121
**Vom Schweigen**
Wenn Schweigen Gold ist, dann ist es ungeformtes Gold.

### 122
**Sinn und Illusion**
Verlangen nach dem Sinn ist das Spiel mit der Illusion.

### 123
**Falsche Vorstellungen**
Mit wieviel falschen Vorstellungen aufzuräumen sind wir doch gezwungen - und kein Ende.

### 124
**Trübsal**
Und es muß fort, alles schwammig-trübselige, muß fort.

### 125
**Glaube und Ferne**
Das Entfernteste ist dem Glauben am nächsten. Wer folgt dem Gläubigen in diese fernste Ferne?

### 126
**Zweifel und Frage**
Bin ich wirklich ein individuelles Ich, ein ureigenes Ich? Lebe ich aus mir selbst oder werde ich gelebt? Was ist denn überhaupt mein? Mein Ich?

### 127
**Fragen und Antworten**
Wir verzweifeln weniger an den Antworten als an unseren Fragen, denn sie sind uns ein Irrlicht.

### 128
**Philosophie und Macht**
Vielleicht philosophiert er nur, weil er darin seine Macht spürt.

### 129
**Der Schamvolle**
Als ihm echte Sympathie zuteil wurde, ergriff ihn tiefe Scham.

## 130
**Vom Überwinden**
Überwinde, sonst wird es dich überwinden.

## 131
**Macht und Ich**
Etwas will das Ich immer, woran es sich aufrichtet zu seiner Macht.

## 132
**Macht in dir**
Macht ist nicht etwas außer dir, noch über dir, sie ist in dir.

## 133
**Macht und Kind**
Noch in deinem Kinde suchst du nach deiner Macht?

## 134
**Im Lichte**
Erst im Licht beginnt es zu funkeln.

## 135
**Dichtereitelkeit**
Eitle Dichter, sie behorchen zu sehr ihr eigenes Herz.

## 136
**Dichterlügen**
Dichtern und Dichterlügen zu entsagen, hieße Menschleins Wahrheit entsagen.

## 137
**Warten auf sich**
Schwer ist das Warten auf sich selbst. - Wer sich nicht entgegen geht, wartet wohl ewig auf sich.

### 138
**Letzter sein**
Wenigstens nicht der Letzte zu sein, ist keine Ehre.

### 139
**Schwäche und Untat**
Wer wird ihn für so schwach halten und ihm keine Untat zutrauen?

### 140
**Sich-treiben-lassen**
Es gibt nur so wenig bewußtes Wollen. Leicht ist das Möchten und Wünschen und Sich-treiben-lassen, wo man den Willen wollen sollte. Was aber will da?

### 141
**Einsamkeit**
Viele werden vom Leben in die Einsamkeit getrieben und zerbrechen daran. Nur wenige finden dort das Kostbarste: sich selbst.

### 142
**Wissenschaft ohne Ende**
Ewig frißt die Wissenschaft sich selber wieder auf.

### 143
**Der Einsame**
Welch Wunder, daß der Einsame die ganze Inbrunst seiner Liebe an sich selbst verschenkt. Alles Seltene ist von Geburt aus einsam - und mancher Tolpatsch auch.

### 144
**Schwäche und Stärke**
Sich begnügen – aus Hang zur Schwäche. Bewußt verzichten – aus Einsicht und Stärke.

### 145

**Fruchtbar**

Erkenntnis findest du nicht im Zergliedern, sondern im Schaffen; auch das kleinste Teil ist noch ein Ganzes. Baue doch zusammen!

### 146

**Vom Anfangen**

Aller Anfang ist leicht.

### 147

**Sein und Nichtsein**

Zwischen Sein und Nichtsein besteht eine Spannung, die wir die schaffende Kraft nennen.

### 148

**Das Nichts**

Das Nichts ist für den Seienden, was die Finsternis für das Licht ist.

### 149

**Trauer und Glück**

Wir wollen die Jahre der Trauer an den Stunden des Glücks messen.

### 150

**Gute Freunde**

Bei guten Freunden gibt immer wieder einer etwas von seinem Ich auf.

### 151

**Vorsicht, ein Mensch**

Es gibt Menschen, denen man lieber aus dem Wege geht. Ihr Anblick, ihr Wesen, ihr Denken vergreift sich sonst an uns.

### 152
**Wille und Zwiespalt**
Auch der Wille erscheint mir noch etwas Zwiespältiges.

### 153
**Das Schöpferische**
Alles Schöpferische ist rein, unschuldig, wahr.

### 154
**Zum Erfolg**
Der Weg zum Erfolg führt durch dich hindurch.

### 155
**Gedankengrenzen**
Es gibt nur ein Weiter, kein Tiefer der Gedanken.

### 156
**Gott beweisen**
Wer beginnt, Gott zu beweisen, hat schon verloren. Das wissen die Glaubensfanatiker.

### 157
**Obenfläche und Tiefe**
Was ist Oberfläche, was Tiefe?
Wo ist am Kreis die Tiefe? In der Mitte? Im Mittelpunkt ist nur der kleine Kreis. Also an der Oberfläche?
Oder ist Tiefe etwas ganz anderes? Vielleicht liegt sie in deiner Frage? Oder gar in deinem Bestimmen? Oder ist es eins?

### 158
**Über die Zukunft**
Was zählt, ist der Augenblick, die Zukunft trügt allzu leicht. Und die Zukunft, ist sie nicht eine Vielzahl von Augenblicken in deiner Hand?

### 159
**Glaube und Beweise**
Für seine Behauptung hat er keine Beweise. Das macht seinen Glauben so stark.

### 160
**Etwas lauert**
Jene holt der Teufel, mich holt - Ich. Etwas lauert immer.

### 161
**Freiheit und Kraft**
Am Ende sucht jeder nur die Freiheit, die zu seiner Kraft paßt.

### 162
**Die ganze Freiheit**
Am meisten werden sie dem fluchen, der ihnen die ganze Freiheit gibt. - Laßt die Hände vom Feuer.

### 163
**Wissen**
Mehr wissen ist kein besser wissen.

### 164
**Flamme**
Sie meiden die Flamme - sie verdorren.

### 165
**Vom Lachenden**
Das Glück gehört den Lachenden.

### 166
**Wille und Geist**
Der Wille ist es, der den Geist baut.

### 167
**Das Feuer beherrschen**
Nur am Feuer hast du die Flamme in der Gewalt.

### 168
**Augenblicke**
Es sind die Augenblicke, die das Leben ausmachen –
diese winzigen Geburten und Tode.

### 169
**Geist und Seele**
Geist und Seele sind die Summe unserer Leiblichkeit.

### 170
**Von der Wiederkehr**
Der Tag muß vorüber gehen, der wiederkehren soll.

### 171
**Worte und Gefühle**
Worte sind sicht- oder hörbar gewordenen Gefühle.

### 172
**Mensch schlecht**
„Alle Menschen sind schlecht!" Eine Erkenntnis, aus
der wir schließen, daß wir noch auf dem Wege sind.

### 173
**Vom Menschsein**
Welches Menschsein ist das höchste? Keines, sondern
die Entwicklung darüber hinaus.

### 174
**Seele und Evolution**
Man kann die Seelenkräfte vielleicht bändigen, sie erlösen aber nur über die nächst höhere Evolutionsstufe.

## 175
**Denker als Lehrmeister**
Für das lebendige Philosophieren sind nicht die Denker von Bedeutung, die man als vorgegeben kennen sollte, sondern die Lehrmeister des Lebendigen und jene, deren Worte man in seinen Gedanken mit Lust reflektiert, bereinigt und fortführt.

## 176
**Der Übermensch**
Ist das die lebens- und evolutionsfähige Form zunehmender Vergeistigung der Materie? Der Begriff des Übermenschen ist hier nur wortsinnbildlich, also nicht als feststehender Begriff zu verstehen, er ist grundsätzlich offen und damit variabel. In unsere Vorstellung ist der Übermensch der nächste Sprung, nicht Schritt, in der Evolution über den Menschen hinaus. Auch seine Zukunft ist offen, er bleibt also der Evolution unterworfen in der ausschnitthaften Reihenfolge Tier (in den verschiedenen Stufen) - Affe/ Vormensch - Mensch – Übermensch - das unbekannte Wesen. Ein Geschöpf über den Menschen hinaus zu schaffen ist spekulativ, nicht logisch denkbar und damit handwerklich nicht machbar. Wir vermögen nur schrittweise zum Übermenschen zu gelangen, wobei wir uns graduell von dem, was wir Mensch nennen, entfernen werden, parallel in unserer Kultur und technisch-biologisch. Auf keinem Fall ist der Übermensch ein Supermensch oder ein optimierter Mensch, sondern eine neue Spezies, über die wir kein Wissen haben, sie allenfalls erahnen und mehr tastend als treffend umschreiben können. Unser Bewußtsein und unsere schöpferisch gestaltende Kraft bindet uns soweit in die Evolution ein, daß wir uns zwingend, also in notwendiger Weise mit dem Über-den-Menschen-hinaus befassen müssen.

## 177
### Durchdenken
Denke und durchdenke, und ziehe zuweilen dein Urteil vor dir selbst in Zweifel.

## 178
### Philosophieren
Die Philosophie bringt uns in Gleichklang mit unserem Schicksal. Sie führt uns darüber hinaus, wo wir unsere Werte setzen.

## 179
### Über die Macht
Macht ist immer das, was darüber steht. Der Wille zur Macht ist was erhöht, aber ethisch neutral bleibt.

## 180
### Schreiben und Denken
Das Schreiben erfordert mehr Kraft als das Denken. Die feinen Impulse, die das Denken auslösen und begleiten, reichen allein zum Schreiben nicht aus.

## 181
### Selbsterkenntnis
„Selbsterkenntnis ist der erste Schritt zur Besserung", das ist keine Phrase. Selbsterkenntnis ist zielgerichtet auf die Überwindung eines als Übel empfundenen Zustandes und der Wille, zunächst Unbewußtes unter Kontrolle zu bringen. Mit diesem Einflußgewinnen stellt man sich darüber, der Ring schließt sich. Schon ist man Zeuge des Heilungsprozesses geworden. Beispiel am Empfinden von Neid und Liebe: Was ist Neid? Was ist Liebe? - Wir rücken uns vorübergehend aus dem Mittelpunkt, versachlichen, um auf diesem Umweg etwas für uns zu gewinnen.

## 182
**Eltern und Kinder**
Gelingt es den bemühten Eltern nicht, das Wesen ihres Kindes zu erkennen, seine naturgegebenen Antriebskräfte, dann sind sie schwerlich für etwaige Fehlentwicklungen verantwortlich zu machen.

## 183
**Vom Sinn**
Der Sinn liegt in dem Subjekt, das danach fragt: Sinn des Menschen ist es Mensch zu sein – und nach dem Sinn zu fragen und so auf dem Wege zu bleiben. Sinn der Erde ist es, Erde zu sein - und nicht etwa, den Menschen hervorzubringen.

## 184
**Meinungen**
Eine Meinung haben alle. Innehalten und durchdenken, das tut not.

## 185
**Bedrängnis**
Unbilden des Schicksals aus dem Mittelpunkt drängen, sich nicht davon gefangen nehmen lassen.

## 186
**Begegnungen**
Überlasse es nicht dem Zufall, welche Menschen dir nahe kommen.

## 187
**Auf dem Wege bleiben**
Bleibe immer auf dem Wege, das zu werden was du bist. Von dir selbst verlange nur das Beste, anderen siehe ihre Unzulänglichkeiten nach.

### 188
**Variationen des Lebens**
Die Varianten, die das Leben hervorbringt, tolerieren und nicht in unsere Schablone pressen.

### 189
**Berge steigen**
Wie, wenn dem Steigenden der Berg - stiege?

### 190
**Triebe**
Willst du einen Trieb beherrschen, beherrsche die anderen gleich mit.

### 191
**Gewiß sein**
Meine Gewißheit gleicht einem tiefen, tiefen Brunnen; kein fallender Stein schlägt dort auf. Wer fragt da noch nach - Gründen?

### 192
**Schönheitssinn**
Schönheitssinn und Eigenliebe sind nahverwandt.

### 193
**Abstand zu Dingen**
Dem Adler gleich ständig Abstand zu den Dingen halten, den Geist darüber schweben lassen und – dann zustoßen.

### 194
**Mensch und Zeiträume**
Ungeheuere Zeiträume hat die Natur gebraucht, um mit unzähligen Arten immer neue, höhere Entwicklungsformen zu schaffen, bis zum ersten schöpferischen Wesen. Und ausgerechnet der Mensch soll das Ende sein?

### 195
**Mensch sein**
Das Dasein hat dich dargestellt. Du erfüllst nunmehr dein Menschsein, in dem du dich selbst darstellst. So wirkst du wesensgemäß.

### 196
**Der Unterschied**
Unwissend sein, weil man noch nicht ausgelernt hat, unwissend sein, weil man nicht mehr dazu lernt und unwissend sein aus Einsicht.

### 197
**Schwächen**
Jede seiner Schwächen einzeln züchtigen.

### 198
**Weiter, weiter**
Irrtum zu glauben, es gäbe ein neues Beginnen, es setzt sich immer nur fort.

### 199
**Wissen erwerben**
Wissen erwerben, um so den Geist für Problemlösungen frei zu machen.

### 200
**Auf- und Abstieg**
Wer schnell hoch gestiegen, macht es sich leicht, wenn er vor der Zeit lange langsam absteigt.

### 201
**Aufnehmen können**
Mit Interesse und Aufmerksamkeit wachsen Intelligenz und Aufnahmefähigkeit.

## 202
**Zukunftsforschung**

Woran die Zukunftsforschung scheitert: Im Schnittpunkt dieser Welt steht die Neuschöpfung, von ihr gehen die Wege aus.

## 203
**Depressionen**

Lerne Depressionen als anfallartige Krankheit anzusehen, als nicht zu dir gehörendes Fremdes, daß wie ein Wetter zu dir kommt. Schiebe sie aufs Nebengleis, ordne sie ein in eine Schublade. Dann lausche auf die feinen Stimmen, die freudvollen; sie warten auf dein Ohr.

## 204
**Unser Erbe**

Wir erben nicht nur die Eigenschaften unserer Vorfahren, wir erben ein Stück Weltall.

## 205
**Junge Seelen bilden**

Daß der Mensch schlecht sei, ist kein These um Heranwachsende zu bilden. Die kindliche Seele bleibe offen und rein.

## 206
**Zwiegespräch**

Das stille Zwiegespräch: Beim Lesen in einen Zustand gelangen, in dem etwas aus dem Geist hinaus will. In diesem Wechselspiel läßt der Strom nichts mehr herein.

## 207
**Über Grenzen**

Bis an die Grenze gehen, abschreiten und bescheiden? Ja - und an Sonnentagen noch darüber hinaus.

## 208
**Lebensgefühl**

Nicht Erneuerung der Religion, sondern Stärkung des Lebensgefühls tut not. Noch gelten Glaubensinhalte als Maß. Im Ansatz bereits heute, ist das kräftige Lebensgefühl der Zukunft verstärkt das des Staunens, des Hinausschauens. Die Welt öffnet sich weiter.

## 209
**Sorge um Europa**

Mögen die deutschen Wühlmäuse nicht wieder alles verderben und Deutschland eher national ansehen denn als Teil Europas. Deutschland als Ganzes ist eine europäische Frage. Das gilt jedoch auch für die anderen großen europäischen Nationen. So bleibt uns vorerst noch die Sorge, daß man wieder eine deutsche, eine nationale Politik betreibt.

## 210
**Vom Schreiben**

Wer schreibt, schafft Platz für neue Gedanken, schreibt seine Geschichte.

## 211
**Menschheit**

Kein Zweifel, die Menschheit ist auf dem Wege. Ja, auf den Sprung, wenn ich zu den Sternen hinaufschaue.

## 212
**Höflichkeit**

Zuviel Höflichkeit ist keine Maske, eher eine Fratze.

## 213
**Erde und Geist**

Die zwei Dämonen Erde und Geist, sind sie nicht eins?

### 214
**Erziehung**
Durch Erziehung sich bereit machen. Das zieht das Ziel nach.

### 215
**Was man ist**
Wohin unsere Wege auch führen, das Leben wirft uns immer wieder auf uns selbst zurück. Jede Wandlung ist nur ein Reifen und jedes Reifen nur eine Wandlung. Man wird immer wieder das, was man ist.

### 216
**Nietzsche-Worte**
Mit Nietzsches eigenen Worten kommt man am besten an ihn heran.

### 217
**Nietzsche als Kraft**
Woran Nietzsche zu Grunde ging: Er wollte nicht mehr Bildner, er wollte die Kraft selbst sein.

### 218
**Einsamkeit**
In der Einsamkeit hält sich nur aus, wer sich rein hält.

### 219
**Gelernt**
Ansprüche nur an sich selbst, niemals an die Umstände stellen.

### 220
**Unglückliches Schicksal**
Erst, wenn es aus der Mutter herausschreit ‚ich wollte, ich hätte dieses Kind nie geboren', dann erst läuft der Becher über.

### 221
**Natur und Kultur**
Wieviel Schmerz ich erleide, ist Sache der Natur, wieviel ich klage, ist Sache der Kultur.

### 222
**Übung**
Sich aus eigenem Entschluß etwas enthalten.

### 223
**Reife**
Als reifer Mensch wird man geboren.

### 224
**Selbsterkenntnis**
Sich selbst zu erkennen würde nur bedeuten, noch seine eigenen Abscheulichkeiten zu lieben.

### 225
**Lebensgefühl**
Mit all unserem Sagen und Tun können wir wohl nur *unserem* Lebensgefühl Ausdruck verleihen.

### 226
**Disziplin und Toleranz**
Verlange Disziplin von dir und übe Toleranz gegenüber anderen.

### 227
**Lieben und verstehen**
Glaubst du, wer liebt verstünde auch? Verzeiht er nicht mehr, um nicht zu verlieren? - Vergleiche unter deinen Nächsten jene, die dich lieben und jene, die dich verstehen. Du wirst finden, daß die Anzahl der Ersten die der Zweiten weit übertrifft.

### 228
**Erfahrungen**
Meist kommt die Erkenntnis, immer jedoch die Erfahrung erst, wenn etwas gegangen ist.

### 229
**Zwei Weiblein**
Zwei Weiblein die beste Medizin dagegen, einem zu verfallen.

### 230
**Von der Häutung**
Der Schlange gleichen wir, sie häutet sich ein dutzendmal und bleibt doch immer Schlange.

### 231
**Das Gemeine**
Der Gemeine leidet spätestens dann, wenn er nichts zu fressen hat.

### 232
**Manieren**
Grobe körperliche Arbeit führt zu groben Manieren. Gute Manieren helfen Abstand zu gewinnen.

### 233
**Von der Kunst**
In der Kunst erleben wir die Erschaffung der Welt.

### 234
**Entscheiden**
Je älter man wird, um so länger braucht man für seine Entscheidungen, um so länger durchdenkt man die Probleme. Im hohen Alter schließlich verharrt man wohl gerne an einem Ort, im doppelten Sinne.

### 235
**Über die Erziehung**
Wichtigste Aufgabe der Erziehung ist es, dem Kind zu helfen das zu werden, was es ist.

### 236
**Feine Stimmen**
Vielleicht ist es gut, manche Stimmen nicht zu verstehen; man neigt sein Ohr und hört das Herz selber Pochen.

### 237
**Schöpfung**
Die Schöpfung dauert an.

### 238
**Einsam sein**
Schopenhauer sagt, wer einsam wird, ist schon alt geworden. Ich füge hinzu: Man wird schon jung alt im Geiste, wenn man nur mehr sieht als seine menschliche Umgebung.

### 239
**Vom Anderssein**
Die Menschen verzeihen dem Anderen nur schwer sein Anderssein.

### 240
**Kosten**
Man koste nur, man trinke nicht aus.

### 241
**Bücher**
Bücher nur an Menschen ausleihen, von denen man weiß, daß sie das innere Erlebnis teilen.

## 242
**Vom fremd sein**
Wir Außenseiter am Rande des Menschseins: Wie anders fühlen wir uns als sie, wie Fremde wandeln wir unter ihnen, mit dem fremden Blick. Und wir haben gelernt, uns immer zu verbergen.

## 243
**Menschenerkenntnis**
Sich einzubilden, einen Menschen zu kennen oder ihn nicht zu kennen, ist einerlei.

## 244
**Dinge erkennen**
Ein jedes Ding betrachten wir durch uns hindurch.

## 245
**Entscheiden**
Entscheiden muß man selber, die anderen dürfen kritisieren.

## 246
**Vernunft und Einsicht**
Vernunft vermag über alles zu urteilen, zur Einsicht zu gelangen ist schwieriger und erfordert Talent.

## 247
**Früher Durst**
Ein Durst, den wir in unserer Jugend nicht löschen, verfolgt uns ein Leben lang.

## 248
**Tieferes Verständnis**
Auch nur einen Menschen zu verstehen erfordert Talent und ist eine große Kunst.

### 249
**Frauenart**
Frauenart, immer nur eine Schwierigkeit zu sehen, nämlich die, die gerade bedrückt. Sie scheinen zu glauben, indem sie das eine Problem meistern, bewältigen sie alle daraus folgenden.

### 250
**Die Schwierigen**
Mit einem schwierigen Mann kommt man ungleich eher zu einer Übereinkunft als mit einer schwierigen Frau, doch die Leidenschaft schafft es am schnellsten.

### 251
**Zweisamkeit**
In Trennung und Gefahr besinnt man sich auf das, was wirklich noch vorhanden ist.

### 252
**Unser Ehrgeiz**
Das Leben immer mehr lieben, nie am Leben zu verzweifeln.

### 253
**Vom Lernen**
Es gibt nur das Lernen, kein Auslernen, höchstens noch ein Verlernen.

### 254
**Kafkas "Landarzt"**
Erst opfern wir uns der Pflicht, dann werden wir auch noch der Pflicht geopfert. Das, was wir verloren haben, bemühen wir uns vergebens zurückzuholen. Es gibt nur noch ein Weiter, oder wir werden entblößt, gehen zugrunde.

### 255
#### Gedanken sind Fragen
Jeder Gedanke ist ihm eine Frage, jede Reflektion ein Fragezeichen.

### 256
#### Gefühlsschwere
Der gefühlsschwere Mensch hat strenge geistige Durchbildung nötig.

### 257
#### Geist als Baumeister
Geist weniger der Widersacher der Seele, mehr deren Baumeister.

### 258
#### Evolution
Der Gang der Evolution ist bestimmend, nicht Moralisten bestimmen.

### 259
#### Sinnfrage
Die Frage nach dem Sinn des Daseins ist nutzlos. Vielmehr: Welchen Sinn gebe ich dem Leben?

### 260
#### Vom so sein
Warum bist du so und so? Weil du ohne dich nicht sein kannst. So wie du bist, bist du notwendig so. So wie du dich siehst, bist du veränderbar.

### 261
#### Vom Verbergen
Nur soweit hob er den Vorhang, einen Spalt nur, um zu zeigen, daß er etwas zu verbergen hat.

## 262
**Lesen und Schreiben**
Man kann wohl ein Buch mit Leidenschaft lesen, schreiben nur mit Distanz.

## 263
**Wissen um uns**
Wir sind nicht zu jeder Zeit das, wofür wir uns halten.

## 264
**Vergangenes erkennen**
Alles Vergangene sehen wir nur noch indirekt. Wir benötigen neben Erinnerung oder Kenntnissen eine starke Einbildungskraft, um zu erkennen. Und da haben wir auch schon gestaltet - umgestaltet.

## 265
**Don Quichote heute**
Was uns heute am Don Quichote am meisten interessiert, ist jenes Kapitel, das dort endet, wo Cervantes recht eigentlich erst zu erzählen beginnt.

Es ist die Vorgeschichte des Don Quichote: Wie er seiner Arbeit nachgeht. Wie er sich an seine Jugend erinnert. Wie er sich Bücher beschafft. Wie er lange Zeit hat zum Lesen. Wie die Gestalten ihn in ihren Bann ziehen. Wie sich sein Verhältnis zur nächsten Umgebung verändert. Wie die Bücher ihm Fesseln anlegen und dennoch befreien. Wie er ihnen und ihren Gestalten schließlich völlig verfällt.

## 266
**Maß aller Dinge**
Das Maß aller Dinge ist der Mensch. Kann man mit diesem Maß mehr messen, als uns angeht, etwas Unergründliches messen, etwas außerhalb des Menschseins?

### 267
### Verführerischer Wohlklang
Der dichterische Wohlklang verführt uns allzu leicht zur "Wahrheit".

### 268
### Abfahren und aussteigen
Wie sollen wir je ankommen, wenn wir nie abfahren oder unterwegs aussteigen?

### 269
### Wählen können
Möglich, daß wir wählen können, aber wer wählt unsere Wahl?

### 270
### Heroischer Lebensmut
Ein Mut, der immer um ein Geringes unserem Lebensmut voraus ist.

### 271
### Starkes Empfinden
Große Empfindsamkeit strebt nach Erlösung im Schaffen.

### 272
### Unser Heiligstes
Unsere Trauer, daß unser Heiligstes als „Krankheit" gilt.

### 273
### Voreingenommen
Wenngleich wir nicht vermögen jede Voreingenommenheit zu vermeiden, so trachten wir um so mehr danach unseren Blick offen zu halten.

### 274
**Möglichkeiten im Leben**
Wir gehen durchs Leben, nur leicht unsere Lebensmöglichkeiten streifend.

### 275
**Dasein und Kraft**
Und es wurde ihm bewußt, daß das Dasein sehr schön wäre, wenn er nur die Kraft hätte.

### 276
**Vom Alleinsein**
Nicht das Anderssein, das Alleinsein ist das Quälende. Aber dann, führt das Anderssein nicht zum Alleinsein?

### 277
**Literatenehrgeiz**
Bin ich ein Literat, daß ich es mir nicht erlauben könnte, diesen oder jenen Autor nicht gelesen zu haben?

### 278
**Vom Schreiben**
Wozu schreiben? - Um etwas zum Abschluß zu bringen.

### 279
**Über den Denker**
Wie soll man einen Denker auslegen? - So, wie er in uns am kraftvollsten lebt.

### 280
**Die Uhr**
Dich erschreckt die Uhr als Sinnbild deiner Endlichkeit? Tor, du bist ein Teil der Zeit, sie geht über dich hinaus und nimmt ein Winziges mit von dir.

### 281
**Vom Übermensch**

Auf dem Weg zum Übermenschen spielt alles zusammen, aber nicht gleichmäßig sichtbar, sondern nur in Sprüngen und mit unterschiedlicher Gewichtung.

### 282
**Begrenztes Denken**

Die Begrenztheit des Denkens fördert den realen Ansatz, die gedankliche Projektion und Gestaltung und schafft in der Folge ein selbstverliebtes Gebilde, das sich von der Zukunft entfernt.

### 283
**Außerirdischer Kontakt**

Nach den ersten Kontakten mit Außerirdischen, die weiter entwickelt sind als wir, und nach Kenntnis ihrer Moral, wird unser Verhalten sich gegenüber unseresgleichen und unseren Mitgeschöpfen grundlegend verändern und uns öffnen für eine neue Ethik, vorausgesetzt wir bleiben wandlungsfähig.

### 284
**Freiheit des Lernens**

In der Lern-, der Studienphase kann die Phantasie frei schweifen, zögernd das Gelernte fortspinnen, daran noch nicht gekettet.

### 285
**Von der Irrationalität**

Erschreckend das Irrationale, das immer wieder im Menschen zutage tritt, meist gezügelt, auch beglückend. Das darf jedoch nicht über die dahinterstehende vitale Kraft hinwegtäuschen, die sich der Irrationalität urplötzlich bemächtigt, Dämme bricht, bedroht und zerstört.

### 286

**Vom Verbrechen**

Der Mensch ist erfinderisch, auch in dem, was er Verbrechen nennt, sei es Hiroshima, Holocaust, blinder Terror - bis zu den „kleinen" Grausamkeiten des Alltags. Erfinderisch ist er aus Gier, Trieb, Unverständnis und aus Mangel an Einsicht und Respekt für den Anderen. Davon ablenkend, hemmt der starre Blick in die jüngere deutsche Geschichte das Gewissen bis zum untätigen Schweigen in der Gegenwart.

### 287

**Verbindendes Denken**

Lernen in Zusammenhängen zu denken. Das Denken gleiche einem Netz, umfassend das eine mit dem anderen verknüpfend. So werfe es aus und ziehe den Fang zusammen.

### 288

**Widerstand**

Widerstand ist wichtig, unverzichtbar als persönliche Haltung.

### 289

**Kritiken und Meinungen**

Kritiken sind Meinungen. Verschiedene Kritiken sind verschiedener Meinung. Manchmal stimmen Kritiken überein – wie Meinungen.

### 290

**Allein im Weltall**

Unsere Möglichkeiten und die Verantwortung: Wenn unser entwickeltes Bewußtsein mit seinem Forscherdrang einmalig im Weltall ist, welch schier erdrückende Verantwortung ist uns damit auferlegt!

291
### Philosophieren
Mit der Philosophie spannen wir den Bogen von der Persönlichkeit zur Wissenschaft.

292
### Mitte des Wesen
Unsere Wesensmitte ist am spätesten zu erschöpfen.

293
### Begehren
Solange ich meinem Begehren nicht nachgebe, ist es mein. Gebe ich ihm nach, bin ich sein.

294
### Michelangelo
Vor seinen Werken muß man die Sinne beisammenhalten. Sie gewähren uns einen Blick in jene Welt, die nicht "wirklich" ist, und die uns doch bestimmt, wie sie es so merkwürdig auch mit dem Ritter von der traurigen Gestalt getan.

295
### Vom Dasein
Was das Dasein für uns ist, ist nur eines seiner kleinsten Teile.

296
### Bildung
Bildung ist das uns im Innersten berührende Wissen.

297
### Von der Wahrheit
Meinst du, das Wahre würde gewisser, wenn es begründet würde? Es würde nur glaubwürdiger.

### 298
**Menschenlos**
Auf die Entdeckung folgt die Langeweile.

### 299
**Seele und Geist**
Die Seele trägt den Geist. Ist sie differenziert, differenziert er.

### 300
**Lebensbejahung**
Danach trachten, das bejahende Lebensgefühl in den Schmerz hineinzuretten.

### 301
**Über Psychologie**
Psychologie bisher eine moderne Form der Selbsttäuschung?

### 302
**Wissensdurst**
Die Wissensdurstigen, einem adoptierten Kinde gleich forschen sie ruhelos ihrer Abstammung nach.

### 303
**Etwas genau kennen**
Ein Wesen ganz zu kennen ist nur durch Nachschöpfung möglich.

### 304
**Dichter und Gestalten**
Das Gestaltete ergreift Besitz vom Dichter und zwingt ihm sein Wesen auf. Manchmal ist ihm, als brauche es nur noch eines winzigen Schrittes, um in einer anderen Welt, einem anderen Ich zu sein.

### 305
**Vom Tun**
Solange etwas Wichtiges noch ungetan ist, wird man des Getanen nicht froh.

### 306
**Die große Ruhe**
Manche warten auf die große Ruhe und lassen die große Unruhe ungenutzt vorübergehen.

### 307
**Menschenwandel**
Der Mensch wird mehr und mehr zu etwas Unbestimmbaren. Zu etwas Neubestimmbaren?

### 308
**Glück und Unglück**
In der Jugend glaubt man sich dem Glück nahe, im Alter dem Unglück.

### 309
**Gott und Glaube**
Der Glaube an Gott heißt dem Denkenden nicht geistige Auseinandersetzung mit Gott, sondern mit dem Glauben.

### 310
**Die Bibel**
Die Bibel hat recht, solange ihr der Erfolg recht gibt.

### 311
**Transzendenz**
Weil unser Geist die Transzendenz nicht mehr als unser schützendes Heim anzuerkennen vermag, wollen wir nicht den Geist in der Transzendenz suchen.

### 312
**Wachsein**
Es schien ihm, er brauche nur aufzuwachen, um ganz Ich zu sein. Aber er wachte niemals auf.

### 313
**Frage und Antwort**
Eine konzentrierte Frage richtet die Antwort nach sich aus.

### 314
**Lasten des Lebens**
Willst du die Lasten des Lebens nicht annehmen, werden sie dir auferlegt.

### 315
**Wahrhaftigkeit**
Laß nicht ab von deiner unerschütterlichen Wahrhaftigkeit.

### 316
**Die Philosophie**
Führt nicht auch die Philosophie mehr zur inneren Erlösung als zur Lösung?

### 317
**Ein guter Freund**
Von einem guten Freund läßt man sich lieber einmal betrügen, als daß man ihm mißtraut.

### 318
**Der Dom**
In den Zeiten strengster Religiosität hatte der Glaube fast alle Lebensäußerungen bestimmt. Was darin pulsierte, ist im Dom zu Stein geworden.

### 319
**Das Leben verwirrt**
Wie uns die Möglichkeiten des Lebens verwirren.

### 320
**Wahrheit und Weisheit**
Wir suchen die Wahrheit und finden die Weisheit, die zu uns paßt.

### 321
**Vom Leid**
Das Leid macht dir am deutlichsten bewußt, daß du lebst.

### 322
**Lebensdurst**
Lebens- und Erkenntnisdurst: Weder Gott noch Wahrheitssuche, weder Philosophie noch Lebenslust vermögen diesen Durst zu löschen. Mit deinen Ansprüchen bist du ganz auf dich allein gestellt.

### 323
**Vom Glauben**
Der Glaube sagt mehr aus über den Gläubigen als über den Glaubensgegenstand.

### 324
**Macht über uns**
Wir sinnen, bis wir die Macht über uns haben.

### 325
**Reflektionen**
Reflektieren wir heute nicht viel zu sehr vom Standpunkt der anonymen Gesellschaft aus? Und stehen wir so nicht neben uns?

### 326
**Große Verantwortung**
Das, was du bist, bist du nicht einmal; du bist es so oft es lebt.

### 327
**Geistigkeit**
Dem Menschen ist die tastend empfindende Geistigkeit eigen.

### 328
**Körper und Geist**
Im Körperlichen erkennen wir schnell unsere Grenzen, im Geistigen verschieben wir sie.

### 329
**Das unbekannte Wesen**
Was wir bisher den Übermenschen nannten, nennen wir jetzt das unbekannte Wesen oder die materielle Ausformung universeller Geistigkeit, die über die Erde hinausreicht.

### 330
**Philosophie**
Philosophie ist nicht nur Geistes-, sondern ebenso Wesenssache.

### 331
**Aussagen**
Jede Aussage ist nur ein Tasten.

### 332
**Lebensschwere**
So, wie du dich gegen den Rahmen stemmst, den dir das Leben zuweist, spürst du seine ganze Schwere.

333
### Geist und Lebenskraft
Nicht die Vergeistigung lähmt die Lebenskraft. Eher: Da die Lebenskraft gelähmt ist, beherrscht sie der Geist. Welcher?

334
### Der Mensch kein Ende
Wir können als Mensch nicht an das Ende der Probleme gelangen, weil der Mensch nicht das Ende ist.

335
### Über sich hinausschaffen
Die Frage ist noch zu beantworten: Kann der Mensch von sich aus bewußt über sich hinausschaffen? Ist das nicht ein Sich-selbst-wollen plus mehr Macht? Das Zusammenwachsen von Biologie und Technik (davon der Rechner nur *ein* Teil) ist offen und weit zu fassen.

336
### Neue Wahrheiten
Schaffen wir nicht ständig neue „Wahrheiten", sie galt, sie gilt, sie wird gelten?

337
### Das Leben ist mehr
Unser Leben ist nicht nur das, was wir gerade sind.

338
### Konsequenz und Halt
Die Konsequenz ziehen heißt einen Halt finden.

339
### Albert Camus
Camus' Stellung zur Welt ein einziges großes Gefühl.

### 340
**Vergeistigung**
Fühlen wir uns in der Vergeistigung dem Leben entronnen? Wir scheinen eher tiefer einzudringen.

### 341
**Das Dasein ausfüllen**
Wir regen und regen uns und versuchen, das Dasein auszufüllen. Gelingt uns das? Innehaltend erschrecken wir.

### 342
**List des Lebens**
Bevor wir das Leben verneinen, hat es uns schon zehnmal überlistet.

### 343
**Fremdheit in der Welt**
Um die Fremdheit in dieser Welt zu überkommen, unsere eigene schaffen. Was uns bindet mit hineinschaffen.

### 344
**Der weiße Wal**
Ahab gleich jagen wir den weißen Wal, unseren weißen Wal.

### 345
**Nicht warten**
Dein Leben kann es nicht sein, immer nur darauf zu warten, daß etwas geschieht, daß du etwas empfängst. Nicht es muß kommen - du mußt hingehen!

### 346
**Abkehr vom Wünschen**
Das Wünschbare umwandeln in das Notwendige.

### 347
**Schicksal**
Für den einen ist Schicksal die Tat, für den anderen, was ihm getan wird. Was steht darüber? Das Ergebnis.

### 348
**Menschenkultur**
Das Volk wird führen, das die neue, höhere Kultur schafft.

### 349
**Eine Tatsache**
Das Leben beginnt mit dem Geist, aber vor der Erkenntnis.

### 350
**Ende des Menschen**
Hier geht es nicht mehr weiter mit dem Menschen. Es bleibt nur noch Degeneration oder eine neue Menschenkultur - und diese Kultur ist etwas, aus der wiederum Neues erwächst.

### 351
**Lust und Qual**
Denken ist eine Lust und führt wie jede Lust ohne individuelles Maß zur Qual.

### 352
**Philosophieren**
Wir philosophieren anhand unserer Gegebenheiten.

### 353
**Alles umsonst**
„Nichts im Leben ist umsonst." Dagegen: Alles was du tust, ist umsonst.

### 354
**Von der Persönlichkeit**
Das Wesentliche ist die eigene Persönlichkeit. Und an der Persönlichkeit? Abstand zu sich und den Dingen und das rechte Maß.

### 355
**Kein Ende**
Dem Einzelnen bleibt es versagt, etwas zu Ende zu bringen. Das einzelne Leben wie das ganze Leben ist ein immerwährendes Anfangen.

### 356
**Worauf es ankommt**
Anstatt „darauf kommt es im Leben an", besser fragen „worauf kommt es in meinem Leben an?"

### 357
**Unsere Befindlichkeit**
Wenn es uns schlecht geht, läßt sich im allgemeinen unser Lebensgefühl und Denken ziemlich rasch auf unsere körperliche Befindlichkeit reduzieren.

### 358
**Schicksal**
Das Schicksal mag uns tragen, doch wir empfinden es als absolut gleichgültig uns gegenüber.

### 359
**Die Welt ausloten**
Das Lot für den, der die Welt ausloten will: Sein Selbst.

### 360
**Philosophie**
Für manche ist Philosophie Suche nach dem Glauben.

### 361
**Gott zerstören**
Mußte Gott nicht zerstört werden, damit wir auf dem Wege bleiben?

### 362
**Worte austauschbar**
Die Worte „natürlich" und „künstlich" ersetzbar durch „unbewußt" und „bewußt".

### 363
**Die junge Liebe**
Alles, was uns den Verstand zu überfluten droht, sollte uns mißtrauisch machen. Liebesfähigkeit etwas Latentes, schon eine unwahrscheinliche Winzigkeit bringt sie zum Ausbruch. Man hat sich wohl "angesteckt", man ist jetzt "erkrankt". Sei es so, es ist uns die liebste „Krankheit", diese Tollheit.

### 364
**Täglich besinnen**
Tägliche Besinnung tut Not, damit uns das Leben nicht in der bloßen Zeit verrinnt.

### 365
**Verbrecher und Ich**
Wir glauben, daß im Verbrecher etwas Besonderes vorgehen müsse. Aber es geht nichts Besonderes vor, es geht einfach so. Das Ich ist in Übereinstimmung mit sich selbst.

### 366
**Liebe und Haß**
Heute liebt sie dich, weil du seltsam bist, morgen wird sie dich hassen, weil du seltsam bist.

### 367
**Grenzen des Verstehens**
Da, wo wir nicht mehr verstehen, beginnen wir zu verurteilen.

### 368
**Menschliche Eitelkeit**
Weiß er von sich reden, möchte er auch noch die schlechte Meinung hören.

### 369
**Vernunft**
Die Vernunft eine ständig bewegte Oberfläche.

### 370
**Mitmenschlichkeit**
Unser mitmenschliches Verstehen reicht meist nur so weit, wie das Verständnis nichts von uns verlangt.

### 371
**Selbstzucht**
Bei höchster Selbstzucht den Zugang zu den Empfindungen unbedingt offen halten.

### 372
**Nachdenken über sich**
Wer nicht über sich nachdenkt, wird niemals das Wesen der Dinge erkennen können. Wer aber über sich nachdenkt, wie will der jemals ans Ende seines Selbst gelangen, es sei denn er ist schöpferisch?

### 373
**Angeboren**
Wir werden verwirklicht, darin müssen wir uns dann zurechtfinden.

### 374
**Sich treu bleiben**

Vielleicht steht am Ende des Lebens dieses Bekenntnis: Ich habe gewollt doch nichts erreicht, ich habe aber auch niemals aufgehört mir treu zu sein.

### 375
**Partnerwechsel**

Hemmungslose Partnerwahl verdirbt die Kultur.

### 376
**Liebe und Ehe**

Liebe nicht Voraussetzung zur Ehe, sondern köstliche Mitgift.

### 377
**Vom Sinnbild**

Alles Gesagte und Geschriebene wird dereinst zum Sinnbild.

### 378
**Einübung des Lebens**

Man bekommt Übung in diesen Schwierigkeiten des Lebens.

### 379
**Eigener Antrieb**

Menschliches Leben, d. h. aus eigenem Antrieb leben, also sich seines Antriebs bewußt sein.

### 380
**Extra und intro**

Der Extrovertierte und der Introvertierte: Warum hat der erste den zweiten noch nicht von der Erde verdrängt? Das Leben braucht sie beide.

### 381
**Vom Alleinsein**
Für den, der allein lebt, wird die eigene Welt riesengroß.

### 382
**Zweierlei Empfinden**
Unterscheide die Empfindungen, die von dir erwartet werden von jenen, die du wirklich empfindest.

### 383
**Das Leben bewahren**
Den Menschen können wir nicht retten. Vielleicht aber können wir das Leben an sich bewahren.

### 384
**Von den Gefühlen**
Wer die kleinen Gefühle zu wichtig nimmt, dem zerrinnen die großen.

### 385
**Wissen**
Was ist Wissen anderes als gespeicherte Bewußtwerdung?

### 386
**Abschied**
Abschied am Hafen: In Gedanken stellte ich eine Kanone auf, richtete sie auf das Schiff und – schoß es ab.

### 387
**Im Großbetrieb**
Es sind die Gänge eines Ameisenhaufens. Dort wird täglich ein Teil unserer Vitalität abgesaugt, dann werden wir zur Auffrischung entlassen.

### 388
**Würfel fallen**

Wenn die Würfel längst gefallen sind, stehen wir noch da und raten.

### 389
**Verstrickungen**

Durch seine Besessenheit verstrickt sich der Mensch immer tiefer ins Dasein.

### 390
**Geist und Probleme**

Der unselige Ehrgeiz in der Sackgasse: Man hüte sich vor dem Geist, der nach Lösungen sucht aber Probleme findet.

### 391
**Nur ein Ausweg**

Menschsein mit nur einem Ausweg: Den Weg darüber hinaus bereiten.

### 392
**Einseitigkeit**

Der Einzelne darf ruhig einseitig sein, die Menschheit niemals.

### 393
**Die Aufgabe**

Lebensweisen entdecken, wecken und fördern, die auf den Übermenschen hinzielen.

### 394
**Die Wahl**

Hast du auch nicht die Wahl des Sieges, so hast du doch die Wahl des Kampfes.

### 395
**Grenzen und Gott**
Wenn der Mensch an eine Grenze stößt, an etwas Unbekanntes, dann macht er es sich leicht, wenn er Gott sagt.

### 396
**Der neue Gott**
Worte eines neuen Gottes: Nimm mich nicht wichtiger als deinen Nächsten, er braucht dich mehr als Ich.

### 397
**Wege weisen**
Wem wäre es nicht wohl, dem Menschen einen realen Weg aus seiner Misere zu weisen.

### 398
**Gott zeichnen**
Gott zeichnen - als Weltenzuschauer.

### 399
**Grübeleien**
Dann grübelte er so lange, bis seine Empfindungen siegten.

### 400
**Lebenskraft**
Die Lebenskraft darf nicht geschwächt werden. Man muß leben oder sterben können. Traurig, wenn man weder das eine noch das andere kann.

### 401
**Das Menschsein wandeln**
Das Menschsein von Grund auf wandeln, die einzig befriedigende Aufgabe.

### 402
**Unser Tun**
All unser Tun ist ein Tun um unserer selbst willen.

### 403
**Nur Mensch**
Und wäre mein alles Glück und alle Macht dieser Erde, so bliebe mir am Ende doch noch die Verzweiflung, Mensch zu sein.

### 404
**Mensch und Ende**
Es lohnt nicht mehr, für und über den Menschen zu schreiben, er ist das Ende.

### 405
**Gottes Ohnmacht**
Nicht die Allmacht, die Ohnmacht Gottes erkennen wir.

### 406
**Schrei eines Kindes**
In dem Schrei eines Kindes liegt der ganze Jammer dieser Welt.

### 407
**Neue Kultur**
Die neue Kultur: das menschliche Bestreben - ja der Trieb - über sich hinauszuschaffen. Das ist nicht direkt greifbar, erst auf Umwegen und womöglich über den Weltraum.

### 408
**Mensch, Raum und Zeit**
Vor der Unermeßlichkeit von Raum und Zeit klingt das Wort Mensch nicht anders als das Wort Stein.

### 409
**Des Menschen Eigen**
In jedem Menschen steckt mehr als wir in ihm erkennen und mehr als er von sich zu wissen glaubt. Erst was er seinem Willen unterwirft, ist sein Eigen.

### 410
**Viele Gesichter**
Bei einem Menschen mit vielen Gesichtern müssen diese alle zum Erwachen kommen, um dem Kern der Persönlichkeit zum Durchbruch zu verhelfen.

### 411
**Tiefe Liebe**
Das Schönste, was ein Mann einer Frau hinterlassen kann, ist das Gefühl tief geliebt worden zu sein.

### 412
**Weiße Flecken**
Die weißen Flecken auf der Erdkugel sind verschwunden, aber in und über uns sind sie so zahlreich wie je.

### 413
**Gottesabbilder**
Alle Gottes-Abbildungen enthalten allein das, was sie repräsentieren.

### 414
**Ende des Menschen**
Es lohnt nicht mehr, über den Menschen zu schreiben, er ist das Ende.

### 415
**Vom Verstehen**
Alles verstehen heißt nicht, alles zu verzeihen.

### 416
#### Kein Vollenden
Man kann nicht vollenden, man kann immer nur wieder von neuem beginnen.

### 417
#### Tun und Wissen
Du sagst es und du tust es. - Weißt du es?

### 418
#### Idee Europa
Es ist die Idee, die Europa eint. Es lohnt nicht sich für Europa einzusetzen, es sei denn, man folgt einer Vision aus den europäischen Wurzeln, offen und in die Zukunft weisend. Daß die Nationen in diesem Rahmen ihre handfesten Vorteile suchen, ist natürliche Begleitmusik.

### 419
#### Von Welterlösern
Du willst die Welt erlösen? Wovon? Ist sie dir denn nicht gut genug?

### 420
#### Vom Mensch sein
Das merkwürdigste Erleben: Unter Menschen - Mensch zu sein.

### 421
#### Das Leben vollenden
So wie du ins Leben getreten, so hörst du niemals auf, so mußt du es vollenden.

### 422
#### Mit deinem Tun
Mit deinem Tun rechtfertige das ganze Dasein.

### 423
**Gebote**
Erstes Gebot: Etwas aus sich selber machen.
Zweites Gebot: Mit dem Überschuß an Kraft anderen einen Sinn geben.

### 424
**Krücken**
Besser ist es, auf seinen Krücken vorwärts zu marschieren, als sich bloß auf ihnen zu stützen. Sonst stehen am Ende die Stöcke noch, während man längst gefallen ist.

### 425
**Wege wohin**
Wohin führen die Wege, die noch nicht vorgezeichnet sind, aber schon auf den nächsten Schritt warten?

### 426
**Leben und Lüge**
Das ganze Leben ist Lüge - sagst du. Soll es auch deines sein?

### 427
**Lebenshälften**
Sie leben nur die erste Lebenshälfte, der Rest ist erbärmlich.

### 428
**Einsiedelei**
Der Einsiedler ist ohne Chance.

### 429
**Zweiflers Frage**
Hat nicht irgendwann schon einer für mich gedacht? Ist es jetzt nicht Zeit zum Handeln?

### 430
**Vom rechten Augenblick**
Der rechte Augenblick ist stets der unaufgeschobene.

### 431
**Früh am Ziel sein**
Der Mensch, der früh ans Ziel gelangt: Wie ist es möglich, dieses auszuhalten? Er hält es nicht nur aus, er ist im höchsten Maße zufrieden.

### 432
**NASA-Konto**
Warum hat die NASA noch kein Spendenkonto? Vielleicht weil die vollziehbaren Ideen noch zu sehr auf der Erde krebsen.

### 433
**Der Schrei**
Der ungehemmte Schrei eines Kindes: Ausdruck maßlosen Anspruches und grenzenlosen Ausgeliefertseins.

### 434
**Sorge um die Evolution**
Unsere größte Sorge: Erschöpfung der Evolution.

### 435
**Zugriff auf den Tod**
Der Tod muß unserer individuellen Wahl und unserem Zugriff stets ebenso verfügbar sein wie die zahlreichen bestimmenden Faktoren unseres aktiven Lebens.

### 436
**Vielfalt des Möglichen**
Das Mögliche ist in seiner Art so vielfältig, daß eine Entwicklung nur durch wertende Auswahl möglich ist.

### 437
**Klage**
Hier stehe ich auf dieser Erde - ein verlassenes, ein ausgesetztes, ein vergessenes Kind des Weltalls.

### 438
**Gedanken**
Diesem und jenem brechen die Gedanken ungezügelt ins Leben ein.

### 439
**Mein Freund**
Hier kannst du noch ein Stück Leben verfolgen aus deinem fernen Ausblick der Resignation, wie es sich regt, bewegt, sich schmückt und blutet. Wenig Kraft, viel Verzweiflung, ah - welch ein Trank.

### 440
**Der Empfindsame**
Dauernd ist etwas am Werk, das ihn immer wieder bloßlegt und ihn um so schmerzvoller empfindsam bleiben läßt.

### 441
**Besitz und Talente**
Wer sich den glücklichen Hausbesitzer von seinen künstlerischen Talenten abspart, läßt sich auf einen Weg drängen, auf dem er sich zum Fremden werden wird.

### 442
**Die große Unruhe**
Tägliche Qual und Hader mit dieser Welt, weil der Hang zum Denken nicht mit den Lebensanforderungen übereinstimmt. Allen Qualen zum Trotz sei dir gewiß, solange diese Unruhe noch in dir ist, solange bist du auf deinem Weg.

### 443
**Vergangenheit und Gefahr**
Wer Vergangenes heraufholt, begibt sich leicht hinab.

### 444
**Zwei Einfälle**
Ein Einfall ist gut, zwei Einfälle sind besser.

### 445
**Früchte der Qual**
Er hoffte, daß ihm kein Weiblein in die Arme liefe und ihn um die Früchte seiner Qualen brächte.

### 446
**Fragen und Tun**
Die Frage, was zu tun sei, hält sie dich vielleicht davon ab, überhaupt etwas zu tun? Entsinne dich deiner Kindheitsträume und - fange an!

### 447
**Die Welt offen halten**
Bevor du dich im Unausschöpfbaren verlierst: Ist es jene Frau, die du suchst, die dir die mitmenschliche Welt offen hält?

### 448
**Dein Schicksal**
Gleichgültig erscheint dir dein Schicksal? Hat dir denn noch kein "Geist" das Feuer entfacht?

### 449
**Dein Werk**
Spätestens mit 25 Jahren trenne dich vom Erkenne-dich-selbst und allen Selbstbespiegelungen, und widme dich deinem Werke.

### 450
**Eintönige Arbeit**
 Ist die eintönige Arbeit ein Teil unseres Zieles, so ist sie ein kleines Steinchen in unserem Bauwerk. Und wie wir das Ganze lieben, so lieben wir seine Teile.

### 451
**Negativ und positiv**
 Zu jedem negativen Gedanken sein positives Gegenstück finden.

### 452
**Vom Tun**
 Versuch es nicht, tue es - ganz!

### 453
**Das Weltganze**
 In unserem täglichen Einerlei den Blick für das Weltganze offen halten.

### 454
**Verlorene Ideen**
 Ideen ja, aber kein Ort sie zu gebären.

### 455
**Keine Erfüllung**
 Wozu das geistige Streben? In diesem Leben sind die Vorstellungen zu stark und unerfüllbar. Und das Leben erfüllt sich ebensogut, wenn bei 200 km/h der Autoreifen platzt.

### 456
**Kleine Schritte**
 Baue positive Gewohnheiten auf, dauerhaft über kleine Schritte. Jeder kleine Schritt ist schon ein erreichtes Ziel.

## 457
### Vom Wesentlichen
Das Wesentliche eines Lebens ist das Quentchen an überschüssiger Kraft; mit diesem Mehr wird das Weltenrad angetrieben.

## 458
### Berufsalltag
Im Berufsalltag erfaßt es ihn immer wieder fremd, und er bewegt sich wie am Rande des Seins.

## 459
### Unser Naturerlebnis
Was wir in der Natur erfahren, erscheint uns manchmal wie zwei verschiedene Welten, die eine kennt die andere nicht.

## 460
### Im Zwiespalt
Was ihm heute ein geschäftliches Konzept oder eine Dichtung ist, wird ihm morgen zum leeren Tun, zum törichten Wort. So wird Sein zu Schein, und wenn er vom Wert spricht, empfindet er den Unwert und sieht sich als Betrüger an sich selbst. Wohin sich retten mit diesem Zwiespalt?

## 461
### Brückenleben
Heißt es nicht bis zum letzten für eine gewählte Sache zu kämpfen, trotz aller Irrungen, trotz Zweifel, trotz Ablenkungen und trotz unvollkommener Mittel? - Die gespaltene Persönlichkeit als notwendig hinnehmen und mit Maß und Klugheit versuchen, nach zwei Seiten hin Spielraum zu lassen. Es ist ein Brückenleben zwischen zwei Orten und über einer Tiefe.

### 462
**Denken und Irrationalität**
Ein Denken, das sich nicht in realen Gesprächen oder an der Wirklichkeit mißt, gleitet leicht ab ins Irrationale.

### 463
**Klarheit**
Klarheit - das heißt Übereinstimmung im Geist.

### 464
**Unabhängigkeit**
Es galten ihm weder Gewinn noch Anzahl der Mitarbeiter, sondern die Tage seiner Unabhängigkeit.

### 465
**Zwiespalt**
Um als Unternehmer Erfolg zu haben, mußte er einige seiner Eigenschaften pflegen und fördern, die er im Grunde bekämpfte.

### 466
**Keine Grenzen**
Das Unmögliche gibt uns den langen Atem es zu meistern.

### 467
**Dinge im Wandel**
Mit vierzig beginnen die vertrauten Dinge der Vergangenheit als etwas anderes dazustehen. Man sieht sie nicht mehr mit den Augen der Jugend, sondern mit den Augen des Alternden.

### 468
**Das Schöne bestimmend**
Der Drang zum Schönen - der bestimmende Wesenszug aller schöpferischen Menschen.

### 469
### Leben wollen
Leben wollen um jeden Preis. Den Sinn bestimmt das Unbestimmbare.

### 470
### Möglichkeiten zu leben
Bei nur einer Möglichkeit zu leben, ist es da rechtens einer denkbaren Möglichkeit willen zu sterben?

### 471
### Unser Scheitern
Nicht an den Dingen, an uns selbst scheitern wir.

### 472
### Zufall und Notwendigkeit
Der Zufall regiert die Freiheit des Einzelnen, die Notwenigkeit die Freiheit des Ganzen.

### 473
### Schwankender Grund
Auf schwankendem Grund ein Haus zu bauen erschien mir nicht angemessen. So baute ich ein Schiff.

### 474
### Immerwährende Wunde
Immer wieder werden diese Wunden aufgerissen, immer wieder fließt das Herzensblut. Immer wieder dieses Sein oder Nichtsein, dieses Stirb und Werde.

### 475
### Geist und Tat
Nur Geist und Tat führen aus den Verstrickungen der Gefühle heraus. Sich einen Rahmen setzen und den ausfüllen. Das Tun ist die Hauptsache.

### 476
**Heute leben**
Heute leben heißt mehr denn je mit der Möglichkeit des Scheiterns leben.

### 477
**Bejahen**
Schaffen ist nur aus dem Ja heraus möglich.

### 478
**Verschlossene Türen**
Ihm erschien sein Leben wie das Leben in einem Haus der verschlossenen Türen.

### 479
**Eispanzer**
Mit diesem Hämmerchen willst du den Eispanzer um dich aus zwanzig Wintern zerschlagen? - Nur zu!

### 480
**Zu spät**
Die meisten Menschen greifen erst dann zu, wenn sie etwas nahe vor sich sehen. Und das ist oft zu spät.

### 481
**Verführung**
Der Schlüssel zu seiner Seele, liegt der in den Händen einer Frau?

### 482
**Kluger Wille**
Glück und Schicksal vermagst du nicht zu zwingen? Um so mehr kommt es auf deinen Willen an, deine Vorstellungen mit den erkannten Möglichkeiten in Übereinstimmung zu bringen.

### 483
### Bündeln und ausbreiten
Wer sich nicht bündeln kann soll sich ausbreiten.

### 484
### Täglich neu
Das Leben zeigt sich täglich neu als Herausforderung.

### 485
### Eine Folge herstellen
Es ist zum Verzweifeln! – Nein! Daß du würfelst und handelst, etwas erträumst und schaffst, daß du eine Folge herstellst, daß ist dein Erfolg.

### 486
### Schreiben und Geld
Mit dem Schreiben ist selten Geld zu verdienen, es sei denn, man dient mit dem Schreiben.

### 487
### Immer weiter
Warum verzweifelst du am Leben? Es geht weiter, immer weiter.

### 488
### Menschengesichter
Am Sonntag war ich in der Stadt. Großes Gedränge. Ich habe den Menschen ins Gesicht geschaut. - Bedrückt bin ich heimgegangen.

### 489
### Dein Leben und Kinder
Niemand wird fragen, was du aus deinen Kindern gemacht hast, vielmehr wird man dich fragen, was du aus deinem Leben gemacht hast.

### 490
**Unser Bestes**
Das Beste geht dahin, wenn Körper und Geist langsam verrotten.

### 491
**Psychoanalyse**
Ein überzeugter Psychoanalytiker sollte dann schon besser gleich bis zu den Genen unserer Vorfahren zurückgehen.

### 492
**Heimkehr**
Du warst weit fort, du warst in fernen Gegenden. Nun kehrst du heim. - Hast du dir auch etwas mitgebracht?

### 493
**Vom Lesen und Schreiben**
Einige Menschen können weder lesen noch schreiben, die meisten Menschen können nur lesen und schreiben.

### 494
**Ein Mann**
Ein Mann muß seinen Weg auch dann gehen, wenn seine Gefährten sich weigern ihm zu folgen.

### 495
**Übermensch und Ethik**
Was weist darauf hin, daß der Übermensch der „bessere", ethischere Mensch sein wird? Nichts, außer unser angstvolles Hoffen. Er mag über eine „höhere" Ethik verfügen, was auch immer wir darunter verstehen, ansonsten wird er mit seinem Mehr an Macht in seine wahrscheinlich anders geartete Umwelt als die unsrige eingebunden sein mit Eigenschaften, die sein Fortbestehen sichern.

### 496
#### Geistesschärfe
Geist allein genügt nicht, er muß auch scharf sein.

### 497
#### Unerlöst
In uns der unerlöste Mensch als das unerlöste Wesen.

### 498
#### Beeindruckbar
Der leicht Beeindruckbare - jedem Windhauch ist er preisgegeben.

### 499
#### Menschenführung
Die Kunst der Menschenführung: Etwas aus ihm machen, von dem er nur träumte, daß er es sei. Ihn "außer sich" bringen heißt, ihn zu sich zu führen.

### 500
#### Unternehmer und Künstler
Den Unternehmer gegen den Künstler ausspielen, gegen den bloß Empfangenen.

### 501
#### Die Kraft der Kunst
Die Kunst ist in unserer Kultur eine elementare Kraft, auf deren Ausdrucksfähigkeit wir nicht verzichten wollen. Sie füllt unseren ganzen Lebensraum aus.

### 502
#### Ansprüche an die Jugend
In jungen Jahren einem reifen Menschen zu begegnen, der die rechten Ansprüche stellt, ist ein Geschenk fürs ganze Leben.

### 503
**Formlosigkeit**
Die völlige Ungezwungenheit, Zwanglosigkeit hat leicht etwas Ungeformtes, Distanzloses und damit Bedrängendes.

### 504
**Großer und kleiner Geist**
Eine Minute der Schwäche eines großen Geistes reicht dem kleinen Geist zur Verurteilung eines ganzen Lebens.

### 505
**Ausdruck in der Kunst**
Der Künstler des Ausdrucks holt seine Zeit am ehesten ein.

### 506
**Geld machen**
Es ist keine all zu große Kunst viel Geld zu machen, wenn man nichts andres kennt als Geld zu machen.

### 507
**Auf Distanz**
Die Distanz, die du zu den Dingen hast, haben die Dinge zu dir.

### 508
**Das rechte Ziel**
Wer ein rechtes, wesensgemäßes Ziel hat, der hat es schon halb erreicht.

### 509
**Verkaufen**
Verkaufen heißt nicht Waren verkaufen, es heißt Ideen, Konzepte, Vorteile verkaufen.

510
### Die Wahrheit sagen
Immer nur die Wahrheit sagen: da ist kein Ziel.

511
### Dichters Klage
Wozu dichten? Am Ende Beifall, der Vorhang fällt, die Worte sind verweht, vorbei, nichts ist geblieben. - Papier verstaubt in den Bibliotheken..

512
### Vom Mitleiden
Welchem Bemitleideten geht das Mitleid nicht hart an.

513
### Angemessene Aufgaben
Stelle den Menschen Aufgaben, die ihnen angemessen sind, dann werden sie zu sich selbst finden.

514
### Vom Warten
Es gibt eine Schwäche des Wartens auf etwas.

515
### Zielchen
1001 Ziele erfüllen das Leben, täglich ein Zielchen.

516
### Ein Ausweg
In allen Lebenslagen Optimismus als Ventil nutzen.

517
### Gefesselte Gefühle
Wenn man die Gefühle in einen Käfig sperrt, werden sie subtil.

### 518
**Vom Tun**
Beweise mit deinem Tun nicht deine Schwäche, sondern deine Stärke.

### 519
**Wild und Jäger**
Das Wild kommt nicht zum Jäger.

### 520
**Persönliche Welt**
Es gibt eine Welt, die ist weder europäisch noch asiatisch noch dergleichen. In diese Welt sollst du mir folgen.

### 521
**Ränder des Lebens**
An den Rändern des Lebens spielt sich das Bewegende, die Evolution ab.

### 522
**Erfolg haben**
Erfolg haben heißt, den Menschen einzureden was ihr Glück sei.

### 523
**Die glückseligen Inseln**
Einige finden sie nie und nirgendwo, andere finden sie überall.

### 524
**Gefahr des Künstlers**
Die Gefahr des Künstlers, daß er sich mit dem ersten Eindruck bereits zufrieden gibt. - Nicht Eindrücke durchleben, sondern das Schaffensrad drehen.

525
## **Wohlstand**
Wir sind Gefangene unseres Wohlstands geworden.

526
## **Mensch und Ethik**
Wir können unser Diplom in den Wissenschaften erwerben, um eine menschliche Ethik müssen wir uns ein Leben lang bemühen. Da gibt es keinen Abschluß. Glücklich, wenn wir einzelne Prüfungen bestehen.

527
## **Untüchtiger Mensch**
Etwas außer ihm faßt plötzlich in sein Leben und zeigt ihm das Ungeheuere. Untüchtig, weil er es zuläßt. Er flüchtet sich beunruhigt und doch irgendwie erleichtert ins ganz Normale, ja, empfindet den Drang zum Alltäglichen, zur Wärme.

528
## **Schicksal**
Schicksal ist die jeweils stärkere Notwendigkeit.

529
## **Freier Geist**
Den freien Geist frage man nicht nach seinen Besitztümern.

530
## **Partnerbindung**
Die Bindung an einen Partner muß passen, nur dann wird sie auf Dauer angenommen und als Bereicherung empfunden. So wie das geheime Innere zählt, ist der Rahmen belanglos. Aufgrund der eigenen Persönlichkeit ist man nicht auf den Glanz des Partners angewiesen.

## 531
**Über die Freiheit**
Was wir haben möchten: Freiheit. Was wir bekommen: Gelenkte Freiheit.

## 532
**Möglichkeiten**
Die unendliche Möglichkeit löst einen unwiderstehlichen Zug des Werdens aus, der sich im Unbekannten zu formen sucht.

## 533
**Mann und Frau**
Wenn der Mann seine Herbheit verliert, verliert er. Wenn eine Frau ihre Herbheit verliert, gewinnt sie.

## 534
**Gnade des Schicksals**
Der größte wie der kleinste Mensch, sie alle brauchen die Gnade des Schicksals.

## 535
**Von Schätzen**
Ein Mensch, der einen Schatz gefunden hat, den lockt man nicht mit Schätzen.

## 536
**Unterwegs**
Das Lächeln einer Frau einfangen - und es mitnehmen für den Tag.

## 537
**Erfolglosigkeit**
Ohne Erfolg lebt es sich schwer, zu vieles bleibt verschüttet.

### 538
**Unlust überwinden**
Leistung ist nur durch Überwindung der Unlust möglich. Es muß etwas brechen, es ist ein Auf-Bruch.

### 539
**Von der Scham**
Die feine Scham schämt sich noch für den Schamlosen.

### 540
**Zwei Typen**
Jene, die Probleme erkennen und versuchen sie zu lösen, und jene, die Probleme ignorieren und abprallen lassen.

### 541
**Grobe Waffen**
Wer die groben Waffen verabscheut, wird leicht unterliegen.

### 542
**Nicht selbst leben**
Eines Tages kommt man noch dahin, für sich leben zu lassen.

### 543
**Dichters Wahrheit**
Dichterische Wahrheit ist Übereinstimmung mit sich selbst.

### 544
**Nicht meinesgleichen**
Wie kann ich einen Menschen verachten, der nicht meinesgleichen ist, wo ich doch nur mit mir selbst überein stimme?

### 545

**Wahrheitssuche**
Wenn sich ein Dichter, Künstler, Philosoph, Wissenschaftler in seiner Aussage widerspricht, nenne ich das Wahrheitssuche.

### 546

**Kultur und Denken**
Die feine Kultur denkt feiner.

### 547

**Wo Rat holen**
Rat hole dir von den Erfolgreichen.

### 548

**Dornen auf Wegen**
Wer die Dornen auf dem Weg zum Erfolg kennt, den machen die leichten Wege mißtrauisch.

### 549

**Des Menschen Wert**
Was dem Menschen Wert verleiht: Noble Ansprüche an sich, denen er sich nicht entzieht.

### 550

**Affekte**
Sie ist nicht klug genug ihre Affekte zu beherrschen, aber klug genug, den Eindruck, den ihre Affekte erzielen, für sich zu nutzen. Und so nähert sie sich Schritt für Schritt der Herrschaft.

### 551

**Weltkultur**
Die Pole der Weltkultur der Zukunft: Europa und China. Amerika etwas dazwischen.

### 552
**Chinesische Kultur**

Die chinesische Kultur litt zu lange an Inzucht, das riesige Land war sich zu lange selbst genug.

### 553
**Chinesische Erziehung**

Gefahr der chinesischen Erziehung: Im auswendig Gelernten stecken bleiben, schematisches Denken, mangelnde Ausbildung der Individualität.

### 554
**Große Männer in China**

In China waren große Männer in der Jugend stark traditionsgebunden. Später mußten sie buchstäblich aus dem Schema ausbrechen, um zu sich zu finden.

### 555
**Vom Sich-verlieren**

Es gibt Menschen, die sind stets in Gefahr sich zu verlieren. Sie wandern auf einem schmalen Grat, und Versuchungen umschmeicheln sie zentnerschwer. Diese Gefahr ist immer gegenwärtig. Und doch, vielleicht werden sie sich niemals fallen lassen.

### 556
**An sich arbeiten**

Wer an sich arbeitet, gestaltet sein Werk.

### 557
**Spannungsfeld**

Zwei Menschen in einem starken Spannungsfeld: Einmal statisch als Ruhe und Harmonie empfunden, ein andermal dynamisch als Energie und Bewegung. Diese Kraft ist je nach Lebensanspruch fruchtbar.

### 558
**Vorfahren**
Deine Vorfahren standen auf der Sonnenseite des Lebens? Dann wirst auch du dort stehen und deine Kindeskinder.

### 559
**Bildung des Herzens**
Wer ständig wechselt, niemals ruht, niemals sich sammelt, geht der Bildung seines Herzens und seinem Werke aus dem Weg.

### 560
**Schaffen und Ehe**
Für die Schaffenskraft die allzu gute Ehe ebenso eine Gefahr wie die allzu schlechte.

### 561
**Mann, Frau, Dolche**
Sie schien seine geheimsten Sehnsüchte zu erahnen. So hat sie ihn bloß gelegt - und dann mit ihren Dolchen zugestoßen.

### 562
**Der freie Geist**
Der wahrhaft Gebildete lebt nicht allein in der geistigen Spannweite seiner Generation. Selbst in unserem Körperlichen sind wir nur ein Kettenglied. Dem freien Geist ist die Welt größer als der zufällige Quadratmeter Boden unter seinen Füßen.

### 563
**Glücklos**
Talentiert, intelligent, fleißig – aus dem Menschen könnte etwas werden. Aber der Mensch ist glücklos.

564
### Mißachtung
Alles erscheint uns erduldbar - außer der Mißachtung.

565
### Nationalstolz
Wie armselig wäre es um uns bestellt, wenn sich unser Stolz als Nationalstolz erschöpfte.

566
### Freundschaft
Freundschaft – das ist Wahlverwandtschaft.

567
### Mutig sein
Sei stets mutig und das Leben verliert seine Schrecken.

568
### Mann und Frau
Das Schlimmste was eine Frau einem Mann antun kann: ihm das Gefühl seiner Wertlosigkeit zu geben.

569
### Menschenschöpfung
Bisher wurde die Welten- und Menschenschöpfung nur träumend nachvollzogen. Jetzt stehen wir vor dem Beginn, sie wachend zu vollziehen.

570
### Isolation
Kreise der Isolation: Jeder Ausbruch ein neuer Ring.

571
### Zweierlei
Zweierlei - zu wissen oder schmerzvoll zu begreifen.

### 572

**Handelndes Schicksal**
In der Jugend wirst du vom Schicksal noch geprägt, später nur noch geschlagen.

### 573

**Über Schmerzen**
Du klagst an, weil du heute den Schmerz erntest. Und wie oft hast du schon Schmerzen - gesät?

### 574

**Zweifel**
Für einen Menschen, der an sich zweifelt, ist es doppelt schwer, zurückzubleiben.

### 575

**Menschenlos**
Des Menschen Los und Glück, aus tiefstem Dunkel noch Licht zu schlagen.

### 576

**Vom Vorübergehen**
Es wird vorübergehen. Wünsche dir, daß dann etwas geschehen ist.

### 577

**Nichts verloren**
Wenn du dein Unternehmen oder deine Anstellung verlierst, hast du im Grunde nichts verloren, solange du auf dem Wege bleibst.

### 578

**Das Ende**
Je mehr du dich gegen das Ende stemmst, um so sicherer wird es kommen.

### 579
### Blutsbrüder

Unter Blutsbrüdern: Jede Wunde, die du mir schlägst, kostet dein Blut.

### 580
### Immerwährender Beginn

Man möchte weiter kommen, aber die Zeiten beginnen immer wieder bei Null.

### 581
### Seele über dem Fluß

Heute morgen habe ich meine Seele an den Fluß getragen und dann über dem Wasser frei gelassen.

### 582
### Jugend und Alter

Was heißt Jugend, was heißt Alter? An jedem Tag ist das Leben ganz, jeder Tag ein volles Leben.

### 583
### Menschlicher Zauber

Es gibt Menschen, die wie mit Zauberkräften auf uns wirken, die uns so völlig für sich einnehmen, daß man glaubt mit ihnen zu verschmelzen. – Es wird unser Verderben sein.

### 584
### Vom Schicksal

Der eine versucht das Schicksal zu brechen, der andere es zu überlisten, der dritte läßt es einfach gewähren.

### 585
### Gene des Geistes

Wir sind auf der Suche nach den Genen des Geistes.

### 586
**Nur noch Konkretes**
Eines Tages gelingt die Flucht in die Hoffnung nicht mehr so leicht, dann zählt nur noch das Konkrete.

### 587
**Grenzen des Wachstums**
Nicht das Wachstum begrenzen, sondern die rechten Ziele finden.

### 588
**Bedrängende Gefühle**
Sie werden von ihren Gefühlen gejagt und fliehen – aber wohin, wohin?

### 589
**Unglücklich verliebt**
Trost dem unglücklich Verliebten: Langsam werden die Zauber abfallen.

### 590
**Mann, Frau und Träume**
Der Mann oder die Frau unserer Träume wird nicht "frei Haus" geliefert.

### 591
**Sprachen lernen**
Mindestens eine große Fremdsprache fließend zu sprechen fördert das Weltverständnis.

### 592
**Kampf und Leid**
Der Mensch darf seine Fähigkeit zu kämpfen und zu leiden nicht verlieren und nicht die Bereitschaft, für das ihm wesentlich erscheinende voll einzutreten.

### 593
### Mensch als Naturereignis
Man kann sich so sehr in einen Menschen vertiefen, daß man ihn schließlich hinnimmt wie ein Naturereignis.

### 594
### Verwandte Seelen
Mitten im Leben, urplötzlich, trifft man die Bruder- oder Schwesterseele - das trifft uns wie ein Blitz.

### 595
### Über Zuversicht
Noch unterm Galgen solltest du zuversichtlich sein, daß der Strick reißt.

### 596
### Wille und Glück
Dein Wille sei dein Glück – Glück dein Wille.

### 597
### Volk und Denken
Ohne das rechte Denken geht ein Volk an sich selbst zugrunde.

### 598
### Futurologie
Die Futurologie, man sagt das auch von der Astrologie, soll und kann nur Hinweise geben was sein könnte, nicht was sein wird. Die Zukunft bleibe frei und nicht eingezäunt.

### 599
### Leben als Fackel
Das Leben gleicht einer Fackel: Du wirst angezündet, entflammst, blühst, verglühst - die Asche verweht.

## 600
**Kampf und Sieg**
Es genügt nicht den Kämpfer in sich zu beweisen, man muß auch siegen können.

## 601
**Alles von sich verlangen**
Verlange alles von dir und sei gewiß, du wirst gewinnen oder verlieren.

## 602
**Solschenizyn**
Mit Recht spricht man mehr vom Rebell Solschenizyn als vom Dichter Solschenizyn.

## 603
**Von der Liebe**
Geliebt zu werden macht die Seele frei, zu lieben fängt sie ein.

## 604
**Lächelnder Blick**
Wie leicht entfacht ein lächelnder Blick das Herz des Mannes, wie rasch entzündet sich sein Verlangen. Wenige Lidschläge nur und er weiß um den Wolf, der jetzt nur blinzelt. Wehe er erwacht: es ist ein großer Wolf und er wird jagen, jagen – ruhelos, und seine Wildheit wird die ganze Weite beherrschen. Wer um diesen Wolf weiß, gebe ihm keinen Raum, geselle ihm eine Gefährtin zu und mache so Seele und Geist frei.

## 605
**Aphorismus**
Ein Musikstück, eine Novelle, ein Essay, ja selbst ein guter Roman ist ein Aphorismus im Gewande.

### 606
**Dem Starken zugeneigt**

Es gibt immer etwas das stärker ist als du, dorthin soll dein Wille streben.

### 607
**Ich-Bespiegelung**

Wer sich zu viel mit sich selbst beschäftigt, dessen Liebesfähigkeit wird versiegen.

### 608
**Rasse I**

Ist Rasse das, was gemeinsam ist oder das was unterscheidet?

### 609
**Rasse II**

Rasse, ist es dieses Stück Fleisch oder ist es der Glaube an eine Zukunft, die wir wollen?.

### 610
**Am Ziel**

Du glaubst am Ziel zu sein und doch - es ist nur Station. Du glaubst, es sei nur Station und doch - du bist am Ziel.

### 611
**Zwei Menschen**

Zwei Menschen, die das gleiche fühlen, das gleiche denken, das gleiche tun, sie sind gleich im Herzen, gleich im Denken, gleich im Ausdruck, mögen sie auch an weit von einander entfernten Plätzen geboren worden sein und leben. Gäbe man ihnen nur genügend gemeinsame Zeit, von Gestalt und Angesicht würden sie einander gleichen wie Geschwister.

### 612
**Wissen um Heimat**
Wie gut zu wissen um ein Herz in der heimatlichen Ferne - zu wissen, daß man wieder ankommen kann.

### 613
**Für das Glück entscheiden**
Die Erfahrung scheint zu lehren, das Glück und Unglück nicht Sache des Verstandes sind. Und doch, der kühle Kopf entscheidet sich Glück zu haben.

### 614
**Glück ein Problem**
Ein Mensch, für den Glücklichsein ein Problem ist, wie will er das Glück jemals fassen?

### 615
**Zwist in der Welt**
Aller Zwist in dieser Welt liegt in dir.

### 616
**Rasse III**
Gefahr der sogenannten Rassenreinheit: das alles fest liegt, nichts Neues mehr entstehen kann.

### 617
**Rasse IV**
Die Persönlichkeit ist stärker als Rasse, denn sie schafft Rasse durch ihr Werk.

### 618
**Die andere Evolution**
Wir durchleben neben der biologischen Evolution die Evolution von Psyche und Geist – das aber unendlich langsam.

### 619
**Atome und Frieden**
Wenn die Atome Frieden schließen verlöscht das Licht.

### 620
**Fragen und Antworten**
Die Antwort auf alle Fragen: Fragen.

### 621
**Vom Königtum**
Sein Königtum fällt zuerst ab vom Menschen.

### 622
**Vorm Spiegel**
Allein vorm Spiegel - das Bild riesengroß.

### 623
**Ihr Bestes**
Sie wollte ihm ihr Bestes geben, sie gab ihm den Tod.

### 624
**Der Wanderer im Geiste**
Der Wanderer trägt sein Reich, sein Hab und Gut, sein Wünschen und Hoffen mit sich auf allen seinen Wegen. So durchstreift er die Welt, so durchforscht er seine Seele, so eilt er von Fremde zu Fremde, von Heimat zu Heimat.

### 625
**Erfolge vergessen**
Gestern noch hast du Erfolg gehabt, heute schon hast du es vergessen?

### 626
**Reflektionen**
Ein wenig mehr Reflektion - ein wenig mehr Glatteis.

### 627
**Sich bewegen**
Bewege dich nur, dann kommt dir auch der Mut.

### 628
**Dionysisch**
Dionysisch - nüchtern und im Rausch.

### 629
**Frage**
Eine Frage: Ist Geist milde?

### 630
**Angst**
Angst macht Menschen gefügig.

### 631
**Bruchstückmensch**
Wie bitter stimmt es uns zuweilen mit anzusehen, wie durch banale Umstände, durch Unfähigkeit, mangelndes Verständnis, unadäquate Lehrmethoden, persönliche, bedrückende Bindungen an die Eltern das geistige und seelische Wachstum eines Kindes nur kümmerlich genährt wird. Unwiederbringlich gehen die individuellen Möglichkeiten eine nach der anderen dahin, und am Ende haben wir den Bruchstückmenschen, denn irgendwann ist es zu spät: Geist und Seele sind verfestigt, bevor sie sich selbst erfassen konnten. Und so setzt sich dieser unselige Weg des jungen Menschen fort, in seinen Händen hält er die Scherben seiner Möglichkeiten. - Welche gewaltige Verschwenderin, die Natur.

### 632
**Urteilen und leben**
Urteile maßvoll über das Leben, aber lebe es voll.

### 633
#### Vom Kampf
Du klagst, du müßtest kämpfen. Aber du kannst es doch, also kämpfe!

### 634
#### Über die Wahrheit
Die Wahrheit als ausbalancierter Wille. Oder: Die Wahrheit als dein gezähmter Wille.

### 635
#### Wille als Psychologe
Der Wille ist auch ein guter Psychologe.

### 636
#### Zweierlei
Zwei Arten, sich mit seinem Leben in Übereinstimmung zu bringen: zu denken und zu handeln.

### 637
#### Gott - warum
Warum Gott? Schaffen nicht auch wir die Erde, formen nicht auch wir aus Holz und Stein und immer feinerer Materie nach unserem Bilde?

### 638
#### Hinausfahren
Daheim wirst du nichts erjagen. Nur wer hinausfährt, die Angel auswirft, fängt einen Fisch.

### 639
#### Mord und Werte
In 14 Tagen ist es Mord. Oder anders: Werthaltiges **Leb**en ist nicht denkbar ohne die gelegentliche Opferung eines Rechtsgutes zugunsten eines anderen.

### 640
**Alles möglich**
Wenn auch alles möglich erscheint, heißt das doch nicht, auch alles zu machen. Wir loten aus.

### 641
**Das Neue**
Das Neue, das kommt, ist das, was du schaffst.

### 642
**Alles verbunden**
Alles ist mit allem verbunden.

### 643
**Mutig und stark**
Wenn du mutig bist, bist du auch stark.

### 644
**Van Gogh**
Die Bilder von van Gogh - eine Heimkehr.

### 645
**Ideen wandern**
Man muß die Idee übertragen, verpflanzen, säen können - dann sprießt sie allenthalben.

### 646
**An den Dichter**
An den Dichter: Dichte in Tönen.

### 647
**Klarkommen mit sich**
Wer nicht mit sich selbst klarkommt, sollte das auch nicht von der Ehe erwarten, schon gar nicht von seinen Kindern.

### 648
**Tiefenpsychologie**

Tiefenpsychologie heißt nicht, nur immer weitere Schleier wegzureißen, es heißt ebenso neue Schleier zu hängen.

### 649
**Masken**

Reiß ihm die Maske herunter! Und siehe da, drunter trägt er eine - Maske.

### 650
**Gemeinsames**

Wir hatten nicht die Wahl der gemeinsamen Geburt, aber wir haben die Wahl des gemeinsamen Sterbens.

### 651
**Glück und Wollen**

Glück ist nicht nur ein Geschenk, Glück ist auch das was du willst.

### 652
**Glück und Unglück**

Im Unglück bleib allein, im Glück teile.

### 653
**Zweisamkeit**

Nach Jahren der Zweisamkeit: Eines Tages wird vergessen sein, woran wir keine gemeinsame Erinnerung haben.

### 654
**Fremdes Gesicht**

Beim Anblick eines fremden Gesichtes: Erst langsam löst es sich auf und wird Geist und Seele.

### 655
**Mitmenschen und Respekt**
Die Achtung seiner Mitmenschen verschafft man sich nicht durch Anpassung. Erst spät gelangt man zu der Einsicht, daß man sich den Respekt oftmals erst gegen seine Umgebung verdient, und so verliert man auch nicht die Achtung vor sich selbst.

### 656
**So nah**
Er wußte, es brauchte nur ein Wort und der Damm wäre gebrochen, so nah war sie ihm. Kürzlich begegnete er ihr wieder und grübelte: Warum gehst du am Abend in die große kalte Wohnung, warum ruhst du nicht aus in ihren Armen von der Hetze des Tages, in ihrem kleinen warmen Zimmer? Wohl nichts heiß Geliebtes, aber etwas Wärmendes, Lebendiges. Warum tust du es nicht?
Und so fragte er sich wieder und wieder - und tat es dennoch nicht.

### 657
**Grenzen erweitern**
Es geht nicht darum, deine Grenzen aufzulösen, sondern sie zu erweitern.

### 658
**Dein Schicksal**
Es kommt der Tag, da wirst du dein Schicksal selbst in die Hand nehmen.

### 659
**Macht**
Macht ist Lösung, Erlösung und Zerstörung. Im Spiel der widerstreitenden Kräfte ist der Wille zur Macht der Treibstoff.

### 660
### Persönlichkeit oder Puppe
Ist er eine Persönlichkeit oder eine Puppe, die bei Geburt aufgezogen, nun in eine Richtung läuft?

### 661
### Leben als Richter
Welches auch immer unsere Absichten sein mögen, das Leben ist sein eigener Richter.

### 662
### Glück übertragen
Dein Glück allein genügt nicht, du mußt es auch übertragen können.

### 663
### Von Dummheiten
Es kann sein, daß du mal eine Dummheit begehst. Verzage nicht, tue darauf wieder etwa Kluges.

### 664
### Verliebt sein im Mai
Verliebt sein ohne Braut - im Monat Mai ist das möglich.

### 665
### Erfolgsgeheimnis
Das Geheimnis des Erfolges: die Dinge so zu sehen wie man sie haben will - so sehen sie dann auch die anderen.

### 666
### Mannesreife
Männliche Reife vergleichbar der Antiquität: Erst Alter und Vergangenheit verleihen jenen geheimen Wert, von dem kluge Frauen wissen.

### 667
**Auf das Glück warten**
Auf das Glück warten nur die Dummköpfe.

### 668
**Glückliche Ehe**
Eine glückliche Ehe strahlt auf ihre Umgebung aus.

### 669
**Von Aristokraten**
Der feine Unterschied: Aristokrat und Aristokrat. Den einen erkennst du an seinem Namen, den anderen an seinen Taten.

### 670
**Sagen und schweigen**
Das, was nicht gesagt, nicht getan wird, ist nicht. Würdest du da nicht lieber stillhalten und schweigen als das Gemeine zu sagen oder zu tun?

### 671
**Liebe und Ehe**
Sollten Liebe und Ehe nicht bedeuten, miteinander stärker zu werden, anstatt einander zu schwächen?

### 672
**Was wichtig ist**
Sein Leben lang zieht sich der Mensch immer wieder auf ein oder wenige Bilder zurück, aus denen heraus er lebt.

### 673
**Träume vom Prinzen**
Träume du weiter von deinem Prinzen, am Ende bleibt dir noch der Schweinehirt.

674

**Immer das Gleiche**
Wer will das Gleiche immer wieder erleben, wer auf die unbekannten Wege verzichten?

675

**Vernunft und Wille**
Vernunft ist Gleichgewicht, der Wille zur Macht ist Bewegung.

676

**Vom Aufgeben**
Wer kurz vor dem Ziel aufgibt, wird nie seine Ziele erreichen und betrügt sich selbst.

677

**Suche im Weltall**
Wir wenden unseren scharfen Blick dem Weltall zu und forschen und sehen voller Ungeduld dem Tag entgegen, an dem wir unseresgleichen entdecken. Wie aber, wenn wir nach langer Reise zurückkehrten und nur uns selbst „entdeckten", der Erdenmensch einzig wäre?

678

**Palästina**
Einen Staat zu gründen, gleich aus welchem Grunde, auf Kosten der grundlegenden Rechte eines anderen Volkes, ist ein schweres Unrecht. Wer das zuläßt, wiederum gleich aus welchem Grunde, macht sich vor den betroffenen Menschen und der Geschichte mitschuldig.

679

**Leben und sterben**
Solange es eine Lust ist zu leben, solange ist es eine Lust zu sterben.

### 680
**Zukunft**
Die Zukunft liegt in den leeren Räumen.

### 681
**Einklang**
Es gibt immer etwas, was dich wieder in Einklang bringt mit deinem Ich.

### 682
**Von der Wissenschaft**
Psycho-Wissenschaften sind Wissenschaften, die allzuoft Probleme lösen, die sie selber schaffen.

### 683
**Dichtung ohne Macht**
Die Ohnmacht des Dichters: Er beschreibt, gestaltet, bildert, transferiert. Die Macht aber bewegt, ist das Abgebildete, Beschriebene, das Transferierte selbst.

### 684
**Kausalität**
In den Auslegungen, Irrtümern und Prophezeiungen der Geschichte steckt mehr Kausalität als in ihrem eigentlichen Gang mit ihren Ereignissen und Gestalten.

### 685
**Wandel im Glauben**
Einstmals glaubten sie an den lieben Gott, heute glauben sie an den Lottoschein.

### 686
**Gute Freunde**
Enttäuschungen vorbauen: Wenn du einem guten Freund etwas leihst, denke du hättest es ihm geschenkt.

687
### Nächstenliebe
Es fehlt uns noch die Macht zur Nächstenliebe.

688
### Mensch und Erde
Beuten wir die Erde aus oder wandeln wir sie nicht eher um?

689
### Mehr Aktivität
Erfolg - dieses oftmals nur kleine Quentchen mehr an Aktivität.

690
### Auf dem Weg sein
Auf dem Weg sein ist alles. Aber auf dem Weg wohin?

691
### Rennpferd
Indem man einem müden Gaul die Rationen erhöht, macht man noch kein Rennpferd daraus.

692
### Von Erfolgsbüchern
All diese klugen Erfolgsbücher helfen dir nicht so zu werden wie die Erfolgreichen, sondern, wenn du Glück und den Willen dazu hast, höchstens so zu werden wie du bist.

693
### Geburt einer Idee
Die Geburt einer Idee wie die eines Kindes: Wenn es keine Totgeburt sein soll, wird man sich pfleglich darum bemühen müssen.

### 694

**Gewichtiges**
Ein Leben lang ziehen die Gewichte an dir. Haben sie dich müde oder haben sie dich stärker gemacht?

### 695

**Von der Form**
Die äußere Form hat ihre seelische Entsprechung und umgekehrt. Wie könnte es sonst sein, daß der Mensch mit der Seele sucht und unter den Formen wählt?

### 696

**Schreiben und Uhr**
Schreiben ist zu vergleichen mit der Uhr: Sie zeigt die Zeit an, ist es aber nicht. Im praktischen Leben ist das Erfolgserlebnis direkt, im Schreiben indirekt. Im Schreiben die Qual des Endlosen, im Handeln die Befriedigung am Endlichen.

### 697

**Was du willst**
Es zählt nicht, wie die Dinge scheinen, sondern wie du sie haben willst.

### 698

**Zu Hitler**
Es wird Hitler das grausam Zerstörerische angelastet. Was wäre, wenn er einen Schritt vorher angehalten hätte, was wenn er einen Schritt weiter gegangen wäre und sich dabei sublimer Mittel bedient hätte? Eine gefährliche Hypothese. Einmal zur totalen Machtausübung gelangt, war Hitler nicht mehr kontrollierbar, in seinem Wesen unteilbar, nicht mehr veränderbar, von seiner Irrationalität und Maßlosigkeit und seinem unbändigen Willen untrennbar geworden.

### 699
**Politikersprache**

Meist sprechen unsere Politiker nicht aus der Seele des Volkes, eher sprechen sie maskenhaft daran vorbei.

### 700
**Eine Frage**

Der Saft ist in ihr. Nur, wird die Pflanze auch erblühen?

### 701
**Das Unmögliche**

Nur wer ein Ziel hat, wagt das Unmögliche.

### 702
**Sprache und Kraft**

Unsere moderne Sprache hat zu viel Distanz entwickelt, sie braucht wieder mehr Kraft des Unmittelbaren.

### 703
**Fragen ihre Antworten**

Fragen richten Antworten nach sich aus. Schlimmer ist es, wenn Antworten Fragen nach sich ausrichten.

### 704
**Holocaust**

Was hier geschehen ist, und in dieser Variation des Grauens auch nur hier, können wir mit den schlimmsten Attributen belegen – es bleiben Worte, denn das Geschehen ist unfaßbar in seinem Ausmaß. In uns aber wandelt sich das Unfaßbare in ein Erschrecken über unser Menschsein, denn der Holocaust ist eben nicht unvergleichbar, wie es heißt, sondern Variation der menschlichen Fähigkeit zu allen möglichen mörderischen und widerlichen Schandtaten, nicht zuletzt der kaltblütigen Massenvernichtung im Krieg.

### 705
**Die aktive Wahrheit**
Die Wahrheit mußt du dir erst noch erschaffen.

### 706
**Dein Glück**
Gib deinem Glück eine Chance.

### 707
**Jugendtraum**
Ein Leben für den Jugendtraum.

### 708
**Zweierlei ist möglich**
Es kann genauso sinnvoll sein, seine Ziele und Wünsche im Zaune zu halten wie sie zu verwirklichen.

### 709
**Vom Gedanken**
Gedanken wandern auf Wegen.

### 710
**Von deinem Tun**
Sag ihm nicht was er tun soll, sag ihm was du getan hast.

### 711
**Grenzen der Freiheit**
Freiheit der Darstellung heißt noch nicht Freiheit des Tuns.

### 712
**Erfüllung des Lebens**
Bis heute hat sich das Leben entfaltet. Es kommt der Tag, da muß sich das Leben noch erfüllen.

### 713
**Selbstdarstellung**
Wer den anderen beleidigt, stellt sich selbst dar.

### 714
**Ewiges Suchen**
Der Fliegende Holländer in uns: kein Ausleben, kein Aufbauen, nur Unruhe und keine Erlösung.

### 715
**Paradies**
Der Mensch ist nicht fähig für ein Leben im Paradies.

### 716
**Der letzte Soldat**
Feldherr, hast du noch einen Soldaten, so ist dein Kampf nicht verloren.

### 717
**Unnütze Fragerei**
Frage gerade soviel wie zur Erhöhung deiner Lebenskraft nötig.

### 718
**Ende und Ziel**
Am Ende, am Ziel, steht die Machterhöhung.

### 719
**Expressionismus**
Die Vollendung des menschlichen Körpers darzustellen ist Expressionismus.

### 720
**Wiedergeburt**
Du bist noch nicht am Ende: Wiedergeburt tut Not.

### 721
**Gedanke und Wirklichkeit**
Der Gedanke ist oft stärker als die Wirklichkeit, in der der Denkende lebt. Sie sind eng verwandt miteinander.

### 722
**Niederlage nicht Ende**
Die tiefe Niederlage birgt den Keim zur Wiederauferstehung.

### 723
**Bestimmung finden**
Ich bin in diese Welt gekommen, jetzt muß ich noch meine Bestimmung in die Welt bringen.

### 724
**Über die Liebe**
Die Liebe eine schöne, überraschende Blüte. Man betrachtet sie bewundernd und die Seele nimmt ihre Gestalt an.

### 725
**Unbekannte Mächte**
Die unbekannten Mächte, erst verwirren sie den Geist, dann geben sie die Willenskräfte frei.

### 726
**Vom Denken**
Der Mensch denkt, was er braucht.

### 727
**Geld und Freiheit**
Das Geld, das man besitzt, ist das Instrument der Freiheit. Das Geld, das man sich erarbeiten muß, ist ein Instrument der Unfreiheit.

### 728
**Von der Wirklichkeit**

Die Wirklichkeit, die uns angeht, muß Menschenmaß haben.

### 729
**Sich bewußt werden**

Was dir bewußt geworden, ist vielleicht der beste Teil deines Lebens. Bilde dein Kunstwerk daraus.

### 730
**Unbekannter Gott**

Der unbekannte Gott - das Kind, das spielt.

### 731
**Die Natur denkt**

Die Natur "denkt" vor, sie spielt so lange bis das Muster stimmt. Möglicherweise "denkt" sie auch nicht, sondern sie greift auf etwas zurück, dessen auch wir uns unbewußt bedienen, wenn wir sagen, daß wir denken.

### 732
**Das Neue**

Die Form leugnen heißt schon sie zu zerbrechen und den Weg bereiten für etwas Neues. Was aber ist das Neue? Die andere Form.

### 733
**Vom Gebären**

Wir finden das Prinzip des Gebärens überall, auch in den politischen Ideen: Die Systeme des Ostens und des Westens, Kommunismus und Kapitalismus, es gibt keine Bewegung auf einander zu, keine Synthese. Es wird etwas Neues entstehen, auch wenn vorübergehend eine Seite die Oberhand gewinnen wird.

### 734
**Dieses und jenes Bild**
Im Museum gehe ich von Bild zu Bild: Moderne Kunst, Abstraktion, das Fremde und Verbogene, hier und da etwas Bewegendes - meine Blicke gleiten und huschen, sie finden keinen Ort zum Verweilen, ich spüre quälende Unruhe. Ein ermatteter Blick zur Seite - neben mir gelassen eine schöne Frau, und schlagartig weiß ich, daß die Welt noch im Lot ist.

### 735
**Mutation und Chaos**
Die Mutation wirkt in der Evolution als Zufall, sozusagen entspringt sie chaotisch. Das Chaos entspricht jedoch nur der Willkür, mit der unser Intellekt eingreift und die Mutation künstlich nachzuvollziehen sucht. In der sich selbst regulierenden Natur ist diese an ihre Zwecke gebunden mit Ursache und Folge. So wird auch erst das zweckgebundene Experiment von Willkür und Chaos zur Mutation und Selektion führen. Wir dringen auch nicht durch das willkürliche Anschlagen einer Tastatur in eine Symphonie ein, können sie so nicht nachvollziehen. In ihrer Willkür bleiben uns Musik und Evolution fremd. Die "Evolution" der Tonfolge begegnen wir erst in der Melodie.

### 736
**Eine Wirklichkeit**
Es gibt nur eine Wirklichkeit. Die Wirklichkeit ist unteilbar.

### 737
**Menschsein überwinden**
Am Menschen verzweifeln soll nicht heißen ihn auszulöschen, sondern ihn fortschreitend zu überwinden.

### 738
**Metamorphose**

Die Metamorphose der Pflanze vom Samenkorn zur Blüte und Frucht verstehen wir, weil wir den Zeitablauf übersehen können und sie wiederholbar ist. Die Evolution der Pflanze verstehen wir nicht, weil wir die Zeit darin nicht zu erfassen vermögen und sie nicht wiederholbar ist.

### 739
**Moderne Kunst I**

Moderne Kunst in der Ausstellung: Schreit es da nicht "ich kann es nicht sagen"?

### 740
**Moderne Kunst II**

Der Weg der modernen Kunst ein Weg vom Sehen zum Wissen. Es ist ein Halbwissen, der Künstler mutiert.

### 741
**Feine Sitten**

Wo feine Sitten herrschen ist auch die Bosheit fein.

### 742
**Übereinstimmung**

Zwischen manchen Menschen gibt es so viel stillschweigende Übereinstimmung, daß wir aufhorchen, wenn einmal zwei Töne nicht gleich klingen.

### 743
**Kunst des Liebens**

Einen Menschen zu lieben dessen Schwächen man nicht überblickt, passiert alle Tage. Einen Menschen dauerhaft zu lieben, obwohl man dessen Schwächen kennt, nenne ich die Kunst des Liebens.

### 744

**Aktiv denken**
Heute denke ich es, und morgen wird die Welt ganz anders sein. Wege öffnen.

### 745

**Denken**
Gedanken zeugen Kinder.

### 746

**Über Kunst**
Kunst, das ist ein Abenteuer.

### 747

**Mensch und Übermensch**
Ich bin ein Mensch, kein Übermensch. Also handle ich wie ein Mensch. Und dennoch: Etwas wie von ferne aus einem Traum kommend ist im Menschen die Anlage zum Über-dem-Menschen-hinaus-sein. Haben wir nicht gelernt im Menschen das Tier nachzuvollziehen, waren wir nicht einst selbst - Amöbe? Es mag für uns nur eine erkennbare Richtung geben, aber auf dieser Linie sind wir nur ein Punkt, und der steht dort, wo wir „heute" sagen.

### 748

**Mensch ohne Wahl**
Der Mensch kann nicht über sich hinausschaffen? - Hat er denn die Wahl?

### 749

**Dichterklage**
Der Dichter klagt: Mein verschüttetes Bewußtsein - fände ich nur den Zugang, mein Lebtag hörte ich nicht auf zu dichten, zu reden, zu stammeln, zu singen.

### 750
**Selbstfindung**

Ich halte nicht allzuviel von der Selbstfindung. Worauf es ankommt, ist Bildung und Ausbildung und das zu tun, was vorgegeben, was man tun muß. Mit der Selbstfindung sucht man allzu leicht das Glück als Selbstzweck, anstatt nach seinem Werk zu trachten.

### 751
**Wir dazwischen**

So wie wir die Vergangenheit nicht abwerfen können, ist die Zukunft immer schon ein wenig da.

### 752
**Herrschaft des Geistes**

Herrschaft des Geistes - eine neue Barbarei? Der reine Geist ist in seiner Sachlichkeit wertfrei und leicht, ist Erlöser und Barbar.

### 753
**Klein und kleiner**

Die Suche nach dem kleinsten Teil der Materie erinnert fatal an die Frage nach dem kleinsten Teil eines Autos.

### 754
**Unsere Sehnsucht**

Die große Sehnsucht, daß der schöpferische Mensch sich von den Fesseln des Menschseins trenne.

### 755
**Drinnen und draußen**

Mit unseren Sinnen holen wir die Welt in uns hinein. Was entsteht da in uns? Welches sind die Gesetze der Wechselwirkung unseres unbestimmten Inneren und der bestimmten oder auch unbestimmten Welt draußen?

### 756

**Natur und Erfolg**
Die Natur ist von vornherein auf Erfolg angelegt, sie experimentiert gezielt darauf hin.

### 757

**Lied und Gedicht**
Das Wort ist die feinere Musik.

### 758

**Evolution**
Wege finden zur Beschleunigung der Evolution.

### 759

**Forschung**
Grundlagenforschung - das Spielerische in der Wissenschaft.

### 760

**Der Dichter spricht**
Ich kann es nicht leben, also schreibe ich es. Ich lebe, also schreibe ich. Ich schreibe, also lebe ich.

### 761

**Goethe und Zukunft**
Wie glücklich, daß wir ihn noch ganz haben, er ein Teil von uns ist, wir sein feinstes Sinnen noch verstehen und ihm im Miterleben noch folgen können. Hier und da vielleicht schon einmal etwas Befremdliches, doch ein kurzer, schnell überlesener Augenblick. Und die Zukünftigen, die außer ihm sind, die vor ihm stehen und vergeblich die Hände nach ihn ausstrecken, sie werden ihn nicht mehr erfühlen, nur Einzelne vielleicht ihn erahnen und deuten können. Er wird ein Anderer geworden sein, etwas Fernes, etwas Philologisches.

### 762
**Aktives Denken**

Kreativ denken heißt nicht auf den Gedanken zu warten, sondern ihm entgegenzugehen, offen zu sein, aktiv und schnell.

### 763
**Neues Denken**

Da gibt es das nicht erfaßbare, nicht erklärbare, nicht greif- und haltbare in unserer Welt. Wir brauchen Mut und Willen zu einem neuen Denken, d. h. das Problem ist nicht auf das gewohnte menschliche Maß zu bringen um zu erkennen, sondern wir müssen die Maßstäbe erweitern. Dafür brauchen wir eine neue Wissenschaft und eine neue Ethik.

### 764
**Vom Genie**

Der starke Geist, das Genie: Irgendwo bricht sich die Kraft ihre Bahn. Aber wie der Blitz nicht überall einschlägt, braucht es das Herausfordernde, braucht es die rechte Zeit zum Blitz.

### 765
**Vom Krieg**

Mut zum Krieg ist notwendig. Es gibt eine starke menschliche Kraft, die ohne den Krieg verloren ginge. Die Möglichkeit des Krieges ist jedoch einzugrenzen.

### 766
**Über die Form**

Alles muß seine Form finden, auch der Mensch wird nicht fertig gegossen. Er bekommt die Fähigkeit zu wachsen mit auf seinen Weg und zur Metamorphose, zur Ausformung.

### 767

**Im Leben**
Stehst du erst einmal im Leben, mußt du noch deine Möglichkeiten zum Leben erwecken.

### 768

**Entscheidungen**
Entscheidungen sind wie ein Seil, an dem du dich durch das Leben ziehst.

### 769

**Risiko**
Risiko, das ist tiefes Leben.

### 770

**Über das Sprechen**
Sprechen fördert die Verfügbarkeit des Geistes und seine Schnelligkeit.

### 771

**Völker in der Zeit**
Im Leben der Völker: In einer Kette von Generationen hat sich durch gewisse Ereignisse eine Generation "abgemeldet". Im besten Fall „regeneriert" sich das Volk.

### 772

**Gemüt und Buch**
Warum mit Gemüt lesen? Wähle die Leichtigkeit des Geistes zu deinem Wegweiser durch das Buch.

### 773

**Über die Vernunft**
Vernunft ist die Übereinstimmung mit sich selbst und den Dingen, Intelligenz fördert die Fähigkeit zur Vernunft, Geist ist ihr Ausblick.

774
### Wissen und Tun
Was willst du wissen? Tue es. Was du wissen willst tue, dann weißt du es.

775
### Mensch und Ende
Am Ende steht die „Welt-Erlösung", das „Gottesgericht" – sagt man. Ich würde sagen, was wir das Ende nennen, ist die Überwindung des Menschseins.

776
### *Dein* Tag
Wenn du morgens aufwachst und der Tag dich anblickt, dann sei dir bewußt: Dies ist *dein* Tag, ist *dein* Leben. Wenn du am Abend zurückblickst, dann sei dir bewußt, dies war *dein* Tag und *dein* Leben.

777
### Demokratie
Demokratie die ich meine: Wille zur Selbstbegrenzung

778
### Musik und Bach
Bachs Goldberg-Variationen: Für den Bruchteil einer Sekunde glaubte ich, die Töne würden mich zersprengen.

779
### Materie und Evolution
Die Evolution der Materie: Die Grundlagen des Geistes sind nicht allein biologisch. Die Materie lebt auf eine Weise, die uns noch verborgen ist, es sei denn, wir sehen in der Biologie lebendige Materie. Aber das wäre nur eine vorläufige Erkenntnis.

### 780
**Kampf und Ich**
Im Kampf mit sich selbst Sieger zu bleiben, das ist das Ziel, wenn damit ein Wert verbunden ist. Wer so sein Bestes gibt, kann nicht verlieren.

### 781
**Vom Geist**
Es existiert nur etwas, von dem wir die Vorstellung „Geist" haben. Er sammelt sich im Gehirn. Aber wo sind seine Wurzeln? Sie reichen tief in unsere Körperlichkeit und verzweigen sich selbst außerhalb.

### 782
**Der Rechner**
Wer den Rechner zum Spielen brächte, machte ihn schöpferisch. Nur, er bliebe Menschenwerk, wäre kein Geschöpf und nichts ohne den Spielenden.

### 783
**Fortschritt**
Den Fortschritt aufhalten zu wollen erschiene mir gefährlich - es wäre geradezu selbstmörderisch.

### 784
**Über Symmetrie**
Die Grundlage der Existenz ist Symmetrie - zu dieser Aussage neigt die moderne Naturwissenschaft. Am Ende kommen wir dahin zu entdecken, daß alles so sein muß wie es ist.

### 785
**Moderne Malerei**
Eine Malerei ohne Titel mit einer Aussage: Meine Not - meine Lust.

### 786
**Farbholzschnitte**

Vor den japanischen Farbholzschnitten: Diese Malerei verbindet ein hohes Maß an Selbstzucht und Ausgewogenheit, die fast körperlich zu spüren sind.

### 787
**Moderne Kunst**

Moderne Kunst heißt, die Kunst greift aus.

### 788
**Befehl und Macht**

Befehlen und Machterlebnis. Auch der kleine Befehl ist noch ein (kleines) Machterlebnis.

### 789
**Noch nicht versucht**

Du kannst es, du hast es nur noch nicht versucht.

### 790
**Aus dem Mittelpunkt**

Was jenen Männern geschah, die die Erde aus dem Mittelpunkt der Welt rückten, wissen wir. Was wird jenen Menschen geschehen, die nun auch noch den Menschen aus dem Mittelpunkt rücken? Oder wissen wir es bereits, haben es aber noch nicht verinnerlicht?

### 791
**Unwissenheit**

Die Fliege in der offenen Flasche: Die Unwissenheit ist das Gefängnis, denn wir finden den Weg hinaus nicht.

### 792
**Lohn und Tod**

Am Ende winkt der Lohn - am Ende winkt der Tod.

### 793
**Vom (Vor-)Wissen**
Ist ein (Vor-)Wissen in den Genen und Eiweißen, und ist das der Baum der Erkenntnis? Aber was wissen die Gene von den Sternen?

### 794
**Nichtigkeiten**
Warum füllst du den Tag mit diesen vielen Nichtigkeiten, als hättest du kein Ziel, aber die Zeit der Ewigkeit?

### 795
**Im Fahrstuhl**
Der rasende Fahrstuhl vom Sex zum Geist. - Oder ist es nur ein Stockwerk?

### 796
**Wegzeichen**
Bücher als Wegzeichen: Hier war schon einmal einer, hier kann ich weiter gehen.

### 797
**Ins Leben geworfen**
Der Mensch, er muß es sich gefallen lassen, zu einer gegebenen Zeit ins Leben geworfen zu sein.

### 798
**Opferbereitschaft**
Wir nehmen lieber Schaden an unserer Seele, als einen Tag unseres Lebens zu opfern.

### 799
**Von der Natur**
Natur als die Selektion des Möglichen durch den Geist des Willens zur Macht.

## 800
### Von den Elementen
Geist, Freiheit, Macht, Sex - vier Elemente des Lebens.

## 801
### Evolution
So wie die Zweigeschlechtlichkeit die Evolution beschleunigt, so potenziert das schöpferische Bewußtsein den Geist in der Evolution.

## 802
### Stilles Eingeständnis
Er wunderte sich manchmal, daß er kein Aussätziger war.

## 803
### Nahverwandt
Wissenschaft und Kunst, die Nahverwandten.

## 804
### Charakterbildung
Wenn wir erkennen müssen, daß Charakter und Schicksal viel stärker von unseren Genen und Eiweißverbindungen abhängen, als wir bisher zu wissen glaubten, dann muß unsere Charakterbildung und die Gestaltung unseres Schicksals auch bei den Genen und Einweißverbindungen beginnen.

## 805
### Urknall
Ist der Urknall etwas Furchtbares, der Schrecken einer Explosion, wie wir diese sonst in unserer kleinen Welt erleben? Nein, es ist das Wunder einer Geburt. Zuallererst aber ist der Urknall eine mißtrauisch zu beäugende schöne Hypothese.

### 806
**Unsere Umwelt**
Der Mensch muß nicht für alle Zeiten zulassen, daß er auf Kosten seiner natürlichen Umwelt und seiner Mitgeschöpfe Pflanze und Tier lebt. Er wird in seiner Fortentwicklung die benötigte Energie direkter aufnehmen.

### 807
**Schwebende Blüten**
Ich sah eine Tulpengruppe auf dem Feld, die roten Kelche, als ob sie schwebten.

### 808
**Technik und Kunst**
Technik ist angewandte Kunst.

### 809
**Kunstwerk**
Das Leben als Kunstwerk.

### 810
**Frieden**
Frieden ist nicht unbedingt Schlappheit, Frieden ist Ausgleich vitaler Kräfte.

### 811
**Gedankenspiele**
Nicht nur spielen mit den Gedanken, sondern die besten zügig entwickeln und ausformen.

### 812
**Liebe und Haß**
Die Natur gleicht die Überbewertung von Liebe und Frieden aus durch ihr Wechselspiel Liebe und Haß, Frieden und Krieg.

### 813
**Vom Erinnern**

Das Erinnern, zentnerschwer lastet es auf den fliegenden Gedanken - müde hängt das bunte Gefieder.

### 814
**Liebe und Tat**

Zuerst liebt man etwas, dann handelt man.

### 815
**Hingabe**

Das Lebendige gibt sich hin, damit das Leben lebt.

### 816
**Schon Zukunft**

Der Mensch ist sowohl Gegenwart als auch schon Zukunft. Deswegen wohl auch seine Widersprüchlichkeit. Genauso wie wir gleichzeitig Vergangenheit und Gegenwart sind, spielt die Zukunft in uns hinein. Wir sind noch Tier und mit der Pflanze verwandt, und doch nennen wir uns Homo sapiens. Ja, irgendwo sind wir keimend auch schon Übermensch.

### 817
**Der Mensch am Rande**

Der Mensch – scheinbar steht er beherrschend im Mittelpunkt seines erkennbaren Daseins. Tatsächlich steht er am Rand seiner Existenzmöglichkeit. Da hilft auch ein wenig reparieren nicht.

### 818
**Dichter und Leser**

Über des Dichters Werk soll man nicht ihn, sondern seine Leser befragen. Man wird so viele Antworten bekommen wie er Leser hat.

### 819
**Letzter Akt**
Oft erfährt man erst im letzten Akt, was eigentlich gespielt wurde, eine Komödie oder eine Tragödie.

### 820
**Im Alltag**
Optimismus ausstrahlen, der Menschen Eigenliebe stärken und vor allem ihnen Mut machen.

### 821
**Affekte**
Im Affekt ist der Mensch böse. Erst durch Nachdenken und Durchleben kann er zum Ausgleich kommen.

### 822
**Grundtriebe**
Menschliche Grundtriebe im Wechselspiel: Essen, Lieben, Herrschen, Schlafen, Forschen, Formen, Spielen und frei sein.

### 823
**Materie und Form**
Es gibt keine Materie ohne Form, es gibt nur das Eine *und* das Andere.

### 824
**Friede und Irrtum**
Sie denken, sie leben im Frieden - aber sie werden gerade vernichtet.

### 825
**Vom anderen Sein**
Ein anderes Sein zu verachten, wieviel Ignoranz, bestenfalls Unwissenheit, spricht daraus.

## 826
### Grenzen des Wachstums
Auf der Schwelle zum Weltraum, in der Ferne ahnungsvoll das neue Wesens, kann und darf man da von den Grenzen des Wachstums sprechen?

## 827
### Nahrung und Wandlung
Nahrungsaufnahme ist Verwandlung.

## 828
### Das Menschenbild
Wo stellen wir denn das lebensvolle Menschenbild aus? Tun das unsere Künstler, unsere Dramatiker? - Wenn wir aber dazu kämen, den Menschen so zu zeigen, wie er sich tatsächlich im täglichen Leben verhält, dies unverhüllt und ihn so auf der Bühne vorführten, würden wir erschrecken, obwohl wir dieses tägliche Bild leben. Aber wir schauen nur und erschrecken nicht, wohl aus Eigenliebe, weil wir von uns eine hohe Meinung haben, mit der wir uns in das schöne Bild flüchten.

## 829
### Geburtenfolge
Von der Geburt nach der Geburt gilt es zu sprechen.

## 830
### Placebos
Den Placebo-Effekt beobachten wir nicht nur an der Physis, sondern auch in der Psyche.

## 831
### Wirkliche Freiheit
Erst wenn der Mensch in der Lage wäre zu sagen: "Ich will geboren werden", erst dann wäre er wirklich frei.

## 832
**Fest verankert**
Man glaubt sich fest verankert, fühlt sich in Übereinstimmung mit sich selbst, bis man schmerzhaft entdeckt, daß man sich irrt.

## 833
**Was wir wissen wollen**
Der Mensch entschließt sich dazu, daß es auf ihn nicht mehr ankommt: Bei Milliarden von Sonnen mit wohl zahllosen "Erden", was ist da eine mehr oder weniger so wichtig? Sarkasmus? Zuallererst wollen wir es wissen.

## 834
**Geist und Geister**
Der Geist wird die Erde verlassen und zurück bleiben die Geister.

## 835
**Dennoch lachen**
Das Lachen ist gefährdet. Morgen schon kann das Leben dich widerlegen. Dennoch werden wir lachen – heute, morgen und übermorgen.

## 836
**Kopf und Wand**
Wer mit dem Kopf durch die Wand will, sollte vorher nachschauen, was dahinter steckt.

## 837
**Europa**
Wird notfalls das geeinte Europa aus den Trümmern, oder „Trümmern", von London, Paris und anderen Kapitalen entstehen? Die Trümmer von Berlin wären dann nicht ein Ende, sie wären Anfang gewesen.

### 838
**Vom Träumen**
Träumen - müheloses Wandern zu den Zielen deiner Wünsche.

### 839
**Damals**
Damals hattest du keinen Frieden, damals mußtest du kämpfen, damals bist du weit gekommen. Damals auch haben die Menschen über dich geredet, ja, sie haben über dich gelästert. Jetzt lästern sie nicht mehr, aber sie reden auch nicht mehr über dich.

### 840
**Und Körper**
Wir sprechen von Geist, Seele, Moral, Psyche. Damit erfassen wir aber nicht die Materie. Also fügen wir „Körper" an.

### 841
**Gleichgewicht**
Zum Gleichgewicht in diesem Erdenleben gehört das Schreckliche. Wir mögen die Glücklichen sein, die anderen, sie leiden an unserer Statt.

### 842
**Politikers erste Aufgabe**
Des Politikers erste Aufgabe ist es, der Lebensvielfalt Raum und Rahmen zu schaffen.

### 843
**Mensch, Tier und Würde**
Solange der Mensch noch Tiere quält, ist es mit seiner „Menschenwürde" nicht weit her. Wo bleibt da der Respekt vor der „Würde" des Tieres?

### 844

**Anfangen**
Es ist nur zu schaffen, wenn du anfängst.

### 845

**Weltraumfahrt**
Am Ende wird sich herausstellen, daß wir die Weltraumfahrt um der Weltraumfahrt willen betreiben und nicht für den Menschen. Letzteres nur vordergründig.

### 846

**Gebundenes Glück**
Glück ist an einen Zustand gebunden. Mit den Zuständen wechselt das Glück. Da ein Zustand nicht unbeschränkt anhält, gibt es kein dauerhaftes Glück. Die Ausschöpfung eines Zustandes in Übereinstimmung mit sich selbst, das ist Glück.

### 847

**Bachs Solosuiten**
Bachs Solosuiten für Violine auf dem Violoncello gespielt: Der gefangene Ton.

### 848

**Genie und Übermensch**
Im Genie ein Hauch nur vom Übermenschen, mehr nicht.

### 849

**Übermensch bauen**
Warum kann der Mensch den Übermenschen nicht bauen? Weil er Mensch ist und nicht über sich hinausschaffen kann? Ist das, was wir Geist nennen denn des Menschen? Sollten wir nur deswegen nicht anfangen, weil wir es in dieser Generation nicht zu Ende bringen?

### 850
**Was nun**

Zum einem scheint der Mensch etwas unendlich Kostbares zu sein, zum anderen erscheint er uns ein überflüssiges Staubkörnchen. – Was nun?

### 851
**Entropie und Ausgleich**

Wo bleibt der Ausgleich für die zunehmende Entropie?

### 852
**Mensch sein**

Du sollst Mensch sein, Mensch sollst du sein in seiner noblen und zukunftsoffenen Form und nichts außerdem.

### 853
**Holocaust einmalig**

Die Einmaligkeit des Holocausts: Der Jude hat keinen höheren Anspruch auf Unversehrtheit als irgendein Mensch, weder vor der Geschichte noch vor der Zukunft. Des Menschen Irrwege sind zahlreich, ein entsetzlicher Ausblick.

### 854
**Gutes Benehmen**

Takt kann man nicht durch lärmendes Demonstrieren erzwingen.

### 855
**Erfahrungen**

Zu viel Erfahrung, da gibt es kein Weiter.

### 856
**Menschenkinder**

Die Menschen - Kinder mit ernsten Gesichtern.

### 857

**Vom Krieg**

Der Mensch als Einzelwesen braucht die Gefahr, der Mensch als Masse meidet sie. Sie beflügelt mehr als sie lähmt. Das erscheint uns wahnwitzig. Aber kommt es überhaupt auf uns an? Wenn der lokale Krieg eine lokale Gefahr bedeutet, hat er seine Kultur. Wenn der globale Krieg die totale Gefahr bedeutet, weicht der Mensch aus. Just zu diesem Zeitpunkt öffnen sich uns Weltraum und Gene.

### 858

**Über das Fragen**

Könnte ich etwa so fragen: Ist der Mensch ein hochentwickeltes Tier oder ein unterentwickeltes Geistwesen? Ist diese Frage sinnvoll oder ist sie unsinnig? Macht die doppelte, gegenüberstellende Frage überhaupt Sinn? Sollten wir nicht besser mehrere Möglichkeiten mit unserer Frage ausdrücken? Also: So oder so, oder: so oder ..., oder: so und so, oder so und ... Ist die Frage überhaupt noch Frage oder ist sie nicht auch schon Antwort? Könnte ich nicht ebenso gehen und anfangen die Sterne zu zählen, wenn ich begänne Fragen zu stellen? - Erschrick nicht, wenn keine Antwort kommt, beginne zu fragen, zu zählen.

### 859

**Trauer und Musik**

In der Trauer vermag die Musik dich zu beruhigen, im Glück erhöht sie dich.

### 860

**Adam und Eva**

Was haben Adam und Eva gesehen, als sie die Frucht vom Baum der Erkenntnis gegessen haben?

## 861
### Häutungen

Es gibt seltene Augenblicke - soll ich sagen: Zeiten - in denen wir uns häuten wie die Schlange, oder wo es in uns ächzt und kracht, weil die Streben unseres Wesens umgebaut werden und etwas Neues entsteht. Und siehe, mit einem Mal steht es da, an seinem vertrauten Material noch erkennbar, aber verändert in der Form.

## 862
### Dein Leben

Du fragst was dein Leben sei: Es ist das Leben, das deine Sinne zu erfassen vermögen. Darin dein Haus, deine Heimat, und dennoch verbleibst du in der Fremde.

## 863
### Die Ehe

Sie möchte sich ein Haus bauen im Zentrum der Welt, doch er schätzt sich glücklich, wenn er an deren Rand einen Platz findet.

## 864
### Maßvoll in allem

In diesem Leben tue alles, was du tun willst und tun mußt. Es ist deine einzige Chance. Doch bleibe maßvoll.

## 865
### Von klugen Frauen

Männer streben nach der Weisheit, kluge Frauen haben sie.

## 866
### Kinder zeugen

Sei dir bewußt, wenn du ein Kind zeugst, hältst du ein Menschenschicksal in deinen Händen.

### 867
**Über den Mann**
Glaube nicht, daß der Mann nur so herumflattern will. Er sucht genauso wie die Frau eine Heimat - aber keine Mauern.

### 868
**Von Göttern**
Götter essen Seelen.

### 869
**Den Acker bestellen**
Ich weiß, daß ich den Acker bestellen muß, will ich ernten. Aber der Segen, der kommt immer noch „von oben".

### 870
**Weise und Toren**
Entweder wir hören auf zu handeln, dann werden wir vielleicht weise, oder wir fahren fort zu handeln, dann bleiben wir Toren.

### 871
**Abstand halten**
Eine Seite seines Wesens muß immer weinen. Darauf erlaubt er es sich nicht, dieser seiner Seite zu nahe zu kommen.

### 872
**Gene wandern**
Die Gene wandern in den Geist.

### 873
**Abstammung**
Abstammungslehre - Wandlungslehre.

### 874
**Liebreizende Mädchen**

Wenn ich zu einem liebreizenden Mädchen spreche ist mir als spräche ich zur Sonne. Aber man kann nicht mit der Sonne reden, also spreche ich zu liebreizenden Mädchen.

### 875
**Der Nutzlose**

Selbst der „Nutzlose" sucht noch nach einer Verwendung für sich.

### 876
**Gefühle in Bahnen**

Hat dieser Mensch denn gar kein Gefühl? Doch, aber es ist kanalisiert.

### 877
**Vom wert sein**

Was wert ist, daß es entsteht, ist auch wert, daß es zugrunde geht.

### 878
**Kein Reifen**

Er ist kaputt, zerschlagen, er kann nicht reifen.

### 879
**Wege der Evolution**

Könnte man nicht auch sagen, die Evolution geht den Weg des geringsten Widerstandes?

### 880
**Natur und Geist**

Die Fähigkeit zum geistigen Tun ist kein Vorzug des Menschen, sondern ein Prinzip der Natur.

### 881
**Der Überaffe**
Zu den Spekulationen um den sogenannten Übermenschen: Wie sähe dem Affen wohl der Überaffe aus?

### 882
**Lächeln als Zweck**
Ein Mensch der nur lächelt, wenn er etwa haben möchte, ist wie die Sonne, die nur scheint, wenn man sie anbetet.

### 883
**Lächelnde Seelen**
Wenn eine Frau ihre lächelnde Seele zeigt, ist selbst die häßlichste noch wunderschön.

### 884
**Träume bändigen**
Wenn du ein Pferd reitest, und es geht mit dir durch, so ist das unangenehm. So ist es auch mit deinen Träumen. Doch wenn sie unter deiner Kontrolle sind, werden sie dich zu blühenden Wiesen tragen.

### 885
**Zu wenig**
Zu wissen, daß wir da sind, genügt nicht.

### 886
**Seiner Kraft bewußt**
Selbst der beste Schachspieler ist sich vor Beginn des Spiels vor allem seiner Kraft bewußt.

### 887
**Lebendige Kunst**
Das harmonische Zusammenleben zweier Charaktere, ihr ruhiges, anregendes Gespräch ist lebendige Kunst.

### 888
**Frage an die Gene**
Gibt es in den Genen, in der Mutation, eine zukunftsorientiertes Verhalten wie beim denkenden Vernunftwesen?

### 889
**Lächelnde Verführung**
Der erste flüchtige Eindruck, den eine Frau auf einen Mann macht, ist sexueller Natur. Vorsicht also bei Rückschlüssen auf den Charakter der lächelnden Verführung.

### 890
**Auf Reisen**
Es gibt einen Punkt auf Reisen, an dem man all das wiederzufinden vermeint, was man längst zu kennen glaubt. Da fragt man sich, ob man daheim und aktiv nicht mehr und tiefer lebt als in der Fremde.

### 891
**Menschenwürde**
Läßt dein Selbstwertgefühl einen Schluß auf deine Würde als Mensch zu?

### 892
**Niemandsland**
Ich gehe im Niemandsland auf und ab - wohin, wohin?

### 893
**Wesen des Menschen**
Der Mensch ein Wesen aus Biologie und Kultur.

### 894
**Warum schreiben**
Warum soll ich darüber schreiben? Ich lebe es doch.

895

**Dein Potential**
Du fühlst das Potential in dir, aber es kann nicht durchbrechen. Dann ist es vorbei, vorbei.

896

**Der Beginn**
Beginn der Individualität mit Verschmelzung von Samen und Eizelle. Alles andere ist Metamorphose.

897

**Von Charakteren**
Man kann einen Charakter nicht umpinseln wie ein Portrait.

898

**Biologie und Kultur**
Die ärztliche Behandlung und das Medikament, immer sind sie ein biologisches Experiment - aber eine kulturelle Leistung.

899

**Golfkriege z. B.**
Die beiden Golfkriege: Maschinen töten Menschen.

900

**Doppelter Sinn**
Sein oder Nichtsein - heißt das nicht ebenso: Erkennen oder Nichterkennen, Fühlen oder Nichtfühlen, Bewußtsein oder Nicht-bewußt-sein?

901

**Vergebung und Gnade**
Nur wer keine Macht hat, leistet es sich zu vergeben. Der Mächtige gewährt Gnade.

### 902
**Entwicklung des Geistes**
Der Geist entwickelt sich in der Menschheit, im fließenden Sein an sich, im Einzelnen nur in seiner zeitlichen und persönlichen Begrenztheit.

### 903
**Wille und Schicksal**
Gewänne der Wille Zugang zu unserem Schicksal, würde er dann Gestalter? Oder wäre da nur eine größere Übereinstimmung zwischen beiden?

### 904
**Sich kennen**
Du kennst dich doch: Werde, was du willst. Es wird dennoch nicht die Auflösung deines Schicksals bedeuten.

### 905
**Die Falle**
Die Entscheidung ist eine Falle, aus der du nur herauskommst, wenn Wille und Schicksal übereinstimmen.

### 906
**Lieben, nur lieben**
Was der biblische Gott dieser Erde vorenthält, will dieser Mensch wenigstens *einem* Menschen zuteil werden lassen: Lieben um seiner selbst willen.

### 907
**In einer Form**
Wir leben in einer Form, das ist die Vorgabe für unsere Empfindungen, unsere Entscheidungen und unsere Werke. - Nur an ihren Rändern können wir vielleicht ein wenig ausufern.

### 908
**Vom Vorwissen**
Ist die Evolution an ein Vorwissen gebunden, und besitzt der Menschengeist ein Wissen vor der Erkenntnis?

### 909
**Mann und Frau**
Den Planeten gleich, bestimmt durch die Anziehungskraft der Sonne, so dreht sich das Verhältnis Mann-Frau um die Sexualität.

### 910
**Käfer auf dem Rücken**
Der Aktive, aber Erfolglose, gleicht einem Käfer, der durch eine Ungeschicklichkeit auf den Rücken gefallen ist und nun mächtig mit den Beinen strampelt.

### 911
**Gedenkstätten**
Gefahr der Gedenkstätten: Da kommt doch irgendwann jemand und schaut sich das an in Auschwitz, wie das gemacht wurde.

### 912
**Nur ein Mensch**
Zum Film "Schindlers Liste": Vor dem Kino ein Mann mit einem Schild in den Händen, den Kopf gesenkt. Auf dem Schild steht: "Ich bin ein Deutscher. In Scham über 12 Jahre deutsche Geschichte." Darauf stellt sich ein zweiter Mann daneben mit einem Schild, den Kopf erhoben. Auf dem Schild steht: „Ich bin ein Deutscher. In Stolz auf 1000 Jahre deutsche Geschichte." Doch noch ein Dritter gesellt sich zu ihnen und reckt sein Schild: „Ich bin ein Mensch. Laßt uns heute noch ein Samenkorn pflanzen."

### 913
**Anderen Orts**
Sie starren auf Buchenwald und Auschwitz und lassen es gehen in Palästina, Srebeniza und anderen Orts.

### 914
**Es denkbar machen**
Es gilt die Entwicklung über den Menschen hinaus denkbar und diskutierbar zu machen.

### 915
**Im Bewußtsein leben**
Du lebst nicht in der Erkenntnis, diese würde dir im Alltag nicht helfen, sondern in deinem Bewußtsein.

### 916
**Vom Schreiben**
Wenn er vor dem Schreibgerät saß, um zu schreiben, konnte es sein, daß ihm träumte er schriebe.

### 917
**Seit Adam und Eva**
Der Baum der Erkenntnis: Wäre es doch ein Zitronenbaum gewesen!

### 918
**Vom Lesen**
Das Beste was das Lesen dir gewährt: Du schließt dir eine nie gekannte, eine neue Kammer auf in deinem Haus.

### 919
**Widerstände**
Der Mensch ist nur so stark wie er sich gegen Widerstände ausleben kann.

### 920
**Unser Platz in der Welt**
Der Mensch muß als Individuum in diese Welt und an seinen Platz darin passen, d.h. auch Wollen, Streben und Vermögen müssen übereinstimmen. Dann kannst du das Mosaik wenden, drehen und schütteln, immer bleibt das Steinchen am gleichen Platz, dort, wohin es paßt.

### 921
**Neu anfangen**
Vor der Wahl zu stehen, das Leben neu zu leben mit der Erfahrung des bisherigen Lebens, heißt nicht, es nächstens besser zu machen. Was heißt überhaupt besser? Die Erfahrung führt nur zu einem neuen Anfang im Spiel der Evolution.

### 922
**Verbrechen adeln**
Frage: Kann der Verbrecher durch den Widerstand gegen einen Tyrannen seine Tat, seine zu Verbrechen neigende Psyche adeln oder bedarf es nobler Motive und der Aufopferung?

### 923
**Haus Windsor**
Die Journalisten haben es endlich herausbekommen was da stattfindet im Haus Windsor - das Leben.

### 924
**Mensch und Natur**
Erst nachdem der Mensch aufgehört hat, die Natur als Feind oder als etwas Übernatürliches zu betrachten, erst als er sie an seine Brust zog, weil er so mit sich selbst am besten fertig wurde, hat er sie in wenigen Jahrzehnten herabgezogen in seine Krankheit an sich selbst.

### 925
**Kleines Glück**
Und wenn sich die Menschen in Bosnien die Köpfe einschlagen, so trägt auch das zu unserem kleinen Glück bei, nämlich zu dem Behagen in Frieden zu leben.

### 926
**Geschichten**
In jeder Geschichte steckt eine Vielzahl von anderen Geschichten.

### 927
**Selbsttäuschung**
Der Mensch ist ein Meister der Selbsttäuschung.

### 928
**Ohnmacht der Gebete**
Wenn all die Gebete der Menschheit von einem allmächtigen Vater erhört worden wären, wäre sie längst zugrunde gegangen, denn mit unseren Gebeten sind wir nicht klüger als der Dümmste unter uns.

### 929
**Vielerlei Sinn**
Das Leben hat niemals *einen* Sinn, sondern einen Strauß von Sinngebungen.

### 930
**Mensch und Krankheit**
Der Mensch baut sein Wesen um seine Krankheit auf.

### 931
**Was uns gehört**
Nichts gehört dir - es sei denn jene Winzigkeit, die du gewinnst, in dem du deine Schwäche überwindest.

### 932
**Gebundene Ethik**
Ethik, sie ist an das Gruppenleben gebunden, kein Prinzip der Natur, und keiner der Götter ist daran gebunden, auch wenn wir in unseren Klagen und unserem Flehen das wohl zu unserem individuellen Vorteil so wünschen.

### 933
**Mensch im Universum**
Ich habe die eine grundsätzliche Frage: Was bedeutet das Menschsein im Universum? Ist der Mensch vergleichsweise ein Nichts oder ist er von überragendem Rang? Oder etwas dazwischen? Er ist wohl das, was er aus sich macht.

### 934
**Fortpflanzen**
Genau so sehr wie es das instinktive Verlangen des Individuums ist seine Gene weiterzugeben, verlangt der Geist danach sich in seinen Schöpfungen fortzupflanzen.

### 935
**Über den Erfolg**
Ich meine der Erfolg, die Überwindung des Widerstandes, ist das eigentlich Bestimmende. Die Macht ist nur die Verfestigung, die tägliche Bestätigung des Erfolges. Der Mitmensch ist uns der Maßstab des Erfolges, und was über uns hinausgeht, geht durch uns hindurch. An der Natur können wir zwar auch den persönlichen Erfolg erfahren, aber nicht den Applaus erhalten.

### 936
**Menschengeruch**
Was wir bisher den Über-Menschen nannten, fällt aus. Es riecht noch zu sehr nach Mensch.

### 937
**Winter und Trauer**

An jedem Abend im Winter, wenn die Sonne früh sinkt und die Dämmerung noch vor der Müdigkeit hereinbricht, erfaßt mich eine unbestimmte Trauer über das dahinschwindende Licht.

### 938
**Krieg und Spiel**

Nicht nur der Krieg, auch Wettkampf und Spiel sind große Erfinder und Beweger. So, wie Heraklit sagt, der Krieg sei der Vater aller Dinge, so sind sie deren Mutter.

### 939
**Die Grünen**

Hätte es die Grünen vor 60 Millionen Jahren gegeben, noch heute gäbe es Dinosaurier und Schachtelhalme und weder den Tiger noch die Orchidee.

### 940
**Bewegungsfreiheit**

Jeder Mensch braucht für seine Persönlichkeit Bewegungsfreiheit entlang einer Linie. Diese Linie gilt es so früh wie möglich zu finden. Daneben ist alles andere bloß Eigenart.

### 941
**Befreiung, Täter, Opfer**

Über Befreiung, Juden und Täter: Vom 8. Mai 1945 als Tag der "Befreiung" der Deutschen zu sprechen ist abwegig. Die Alliierten sind nicht ausgezogen, die Deutschen zu befreien, sie hatten eigene Motive. Auch wollten die Deutschen nicht „befreit", richtiger: besiegt werden. Gerettet allerdings wurden die Opfer des Hitler-Regimes, aber eher infolge der Niederlage.

Es ist zu unterscheiden zwischen Ideologen und Tätern und von dem Ideologen und Machtmenschen Hitler infizierte Mitläufer, diese jedoch ohne eigene Macht, die sie von Hitler ableiteten, daneben einige Sadisten. Den Hitler-Krieg hinter sich zu lassen ist keine Befreiung, mag damit auch eine Bewußtwerdung einhergehen, sondern ein sich anpassender Fortgang der deutschen Geschichte, die ihren Vorteil und ihr Überleben unter den veränderten Gegebenheiten sucht.

Der starre Blick auf die Deutschen als Täter des Unmenschlichen, die Einmaligkeit der Tat aufgrund von Selektion und des Einsatzes moderner Technik, lenkt von anderen Untaten in der Welt ab, von Hiroshima, vom Stalinismus, von Vietnam, vom „Kreuzzug" unsere Tage – von einer traurigen Kette ohne Ende. Und so geschieht es in seiner Weise und wird es weiter geschehen. Es ist der Mensch als Untäter, nicht der Deutsche, der etwas tut, weil das Unmenschliche eben menschlich ist. Wer sagt, 6 Millionen getötete Juden ließen sich nicht vergleichen, ist verblendet von der Zahl und lenkt in gefährlicher Weise ab. Der Name Hitler steht für das Menschsein an sich, nicht beschränkt auf die Deutschen. Wenn diese über das streng geheim abgelaufene Geschehen schamvoll erschrecken, erscheint das längst nicht genug. Man weist auf die Untäter und schlägt sich auf die Brust. Weil große Verbrechen nicht verglichen werden dürfen, werden andere in verhängnisvoller Weise verkleinert und geschehen weitgehend ungesühnt. So bleibt eigentlich nicht Vorstellbares denkbar.

Jüdisch-gläubig gedacht die Gefahr: Ihr Gott werde die Juden solange strafen wie sie sich anmaßen, daß Maß allen Leidens zu sein. Er wird sie aber auch so lange strafen, könnte man vermessen aus christlicher Sicht fortfahren, wie sie Gottes „Auge um Auge, Zahn um Zahn" für ihre alttestamentarische Rachsucht oder auch nur zur Besänftigung ihres Schmerzes mißbrauchen. Derart im überholten Denken verfangen, bleiben die Schrecken der Vergangenheit lebendig und vergiften Gegenwart und Zukunft.

### 942
### Niemals aufgeben

Gib niemals auf! Wenn du nicht mehr laufen kannst, dann gehe. Wenn du nicht mehr gehen kannst, dann krieche. Wenn du nicht mehr kriechen kannst, dann schreie. Und wenn du nicht mehr schreien kannst, dann laß die Gedanken wandern und behüte dein brennendes Herz in der Stille - aber gib niemals auf.

### 943
### Nur Blume

Darf eine Blume nicht eine Blume sein – und nichts weiter?

### 944
### Mensch und Kraft

Nicht der Mensch ist das Kostbare, sondern die Kraft, die ihn trägt.

### 945
### Wagnis Mensch

Der Natur bisher größtes Wagnis - der Mensch.

### 946
### Das Unmögliche

Was heißen wir das Unmögliche? Die höchste Gefahr an der Grenze des Möglichen? An der Grenze des Möglichen beginnt das Unmögliche. Indem wir das Unmöglichen wagen verschieben wir Grenzen. Was also heißen wir das Unmögliche? Was außerhalb unserer Erfahrung liegt? Etwas was wir gegen den Anschein wagen? Das Nichterkannte, Undurchführbare aber Denkbare, das Nichtzuverwirklichende, das Ausgeschlossene, das Nichtzusammenpassende? Oder ist das Unmögliche vielleicht nur eine Vorstellung?

### 947
**Manche Schlacht**
Ich habe manche Schlacht geschlagen, habe manchmal hart gekämpft - und immer noch kämpfe ich. Frage mich nicht, ob ich auch gesiegt habe.

### 948
**Außer sich sein**
Das Menschen-Unmögliche: Jenen kurzen Zustand der Entscheidung herausfordern, wo der Wagemut alles will, wo alle Sinne in einer einzigen Anspannung über das Mögliche weit hinausgreifen, wo man sich für eine kurze Zeit außer sich zu bewegen scheint.

### 949
**Das Wagnis**
Mit dem Wagnis des Unmöglichen dem Wandel eine Chance geben.

### 950
**Im Einklang**
Im Einklang mit der Natur zu sein heißt noch nicht im Einklang mit der Evolution zu sein.

### 951
**Vom Sexualtrieb**
Das, was wir den niedersten Trieb, den Sexualtrieb, nennen, ist vielleicht der höchste, denn er ist die erhaltende und fördernde Grundlage unseres Daseins.

### 952
**Klage und Einsicht**

Immer wieder hat er sich die Frage nach dem Glück, nach Schicksal und Vorsehung gestellt und naiv gehofft, sie würden ihm dienen. Jetzt endlich hat er das verworfen, wenngleich die Hoffnung nicht völlig verschwunden ist, denn wer tätig ist will vollenden. Doch, leider, wird er wohl immer nur das finden, was ihm gerade vor die Füße fällt.

### 953
**Evolution**

Ist die Evolution harmonisch, ist sie zwingend?

### 954
**Wieviel Leben**

Du suchst die Frau fürs Leben? Ich frage dich: Wieviel Leben hast du?

### 955
**Deine Freiheit**

Hattest du schon die Freiheit, das zu sein, was du bist?

### 956
**Natur nachbauen**

Müssen wir mit unserem Forschen und Schaffen eigentlich die Natur nachbauen, weil es in ihr so paßt und um zu lernen? Aber lernen wofür? Für neue Schöpfungen, mehr Macht?

### 957
**Vermessenheit**

"Hätte ich die Geschichte nicht selbst erlebt, ich würde sie niemals glauben". Wieviel Vermessenheit liegt in dem Vertrauen auf das eigene Erleben.

## 958
**Vom Menschen**
Der Mensch als Individuum existiert in verschiedenen Stadien des Menschseins.

## 959
**Der Glaube**
Glaube - ist das ein vages Vorwissen oder ein Irrweg oder einfach zur Erhaltung der Menschheit zweckmäßig?

## 960
**Musik und Vitalität**
Bach und Beethoven verpoppt - ist das nicht auch ein Ausdruck der Vitalität ihrer Musik?

## 961
**Nur Übergang**
Der Mensch ist am Ende. Er ist weder das Ziel der Evolution noch ist er aus seiner Beschränkung zu erlösen. Der Mensch ist ein notwendiger Übergang - und allein darin liegt seine Rechtfertigung. Ein Übergang wohin? Das bestimmt nicht er, aber daran arbeitet es in ihm.

## 962
**Tiefe Liebe**
Liebe zur Natur: Wenn du an meinem Todestag ein Bäumchen pflanzt, meine Seele wird sogleich hineinfahren.

## 963
**Nur Phrase**
„Der Weg ist das Ziel" - eine Phrase unserer Zeit. Der Weg wohin? Nur im transzendenten Sinne mag der Einzelne resignierend den Weg sein Ziel nennen. Das Ziel ist Vision, der Weg die Wirklichkeit des Tages.

### 964
**Der Irrtum**
Wir glauben ein Recht oder eine Gewißheit auf Unversehrtheit zu haben – und irren.

### 965
**Wahrheit verstehen**
Niemand versteht die Wahrheit, es sei denn eine Autorität verkündet sie.

### 966
**Offen bleiben**
Wenn du nicht mehr offen bist für neue Eindrücke und dich nicht mehr aktiv mit ihnen auseinanderzusetzen vermagst, holen dich die längst verschüttet geglaubten Erinnerungen ein.

### 967
**Ende der Menschheit**
Die Menschheit muß zugrunde gehen, gleich ob am nächsten Tag oder in tausend Jahren, nachdem der Keim zu etwas Neuem, Weiterführendem gelegt ist - eine Auferstehung, eine Erlösung, aber nicht die des Menschen.

### 968
**Lebenssituation**
In jeder unveränderbaren Lebenssituation ist die Frage an dich, was du aus ihr machst, wie du damit fertig wirst, wie du dich darin bewegst.

### 969
**Nur in Bildern**
Ich kann nur in den mir zur Verfügung stehenden Bildern sprechen und zwingend nur darin die sogenannte Wahrheit ausdrücken.

### 970
**Vernunft und Gefühle**
Wieviel Empfinden steckt in der Vernunft? Ohne die Gefühle wäre sie blutleer, ja, nicht existent.

### 971
**Bewußtsein**
Wer glaubt, Bewußtsein und schöpferischer Geist seien Selbstzweck, der irrt. Langfristig helfen, Materie und Geist auf eine neue Bewußtseinsebene zu heben.

### 972
**Das Mißverständnis**
Dem Übermenschen den Weg öffnen, nicht Übermensch sein wollen. Das ergäbe nur eine Karikatur oder den Unmenschen. Was man bisher den Übermenschen nannte ist abgetan.

### 973
**Mehr Macht**
Wenn der Mensch zutiefst glücklich wäre, brauchte er das neue evolutionäre Geschöpf nicht zu fördern. Oder will er vielleicht nur mehr Macht?

### 974
**Strom der Evolution**
Der Mensch im Strom der Evolution, er kann das Werden über den Menschen hinaus nur als Spielender, Schaffender, Veränderner fördern.

### 975
**Übermensch ein Gleichnis**
Der Übermensch ist nur ein Gleichnis, aber nicht für das, was nach dem Menschen kommt, sondern für das, was über ihn hinausführt.

### 976
**Kein fester Boden**
Wer spielt da an den "Knöpfen" und dreht mich plötzlich um, mich und meinen Willen?

### 977
**Götzendämmerung**
Nach der Götterdämmerung jetzt die Menschendämmerung - auch eine Götzendämmerung.

### 978
**Vor den Nöten**
Vor den Nöten eines uns nahe stehenden Menschen zerfließt alle Philosophie.

### 979
**Wir und die Anderen**
Bei dem ganzen Gerede über Ufos und die sie lenkenden Wesen ist folgende Vorstellung aufschlußreich: Man denkt sich wohl, daß die fremden Erscheinungen biologisch und geistig anders sind als wir und uns weit überlegen. Aber im Hinblick auf das vergleichsweise zurückgebliebene Wesen Mensch klammern wir uns an dessen Unverletzlichkeit und verteufeln das Andersartige. Die die Ufos lenkenden „Teufelsübermenschen", das fällt auf, haben uns allerdings noch nicht das Fegefeuer gebracht. Was aber wenn sie Züchter wären, die von Zeit zu Zeit ihre fernen "Weiden" besuchten, um nach dem Rechten zu sehen?

### 980
**Überspitzt**
Wenn Einstein einen eineiigen, getrennt von ihm lebenden Zwillingsbruder gehabt hätte, wäre die Relativitätstheorie dann zweimal entwickelt worden?

### 981
**Weltall und Überleben**
Die Menschheit braucht die Herausforderung des Weltalls um zu überleben.

### 982
**Mensch und Übermensch**
Untergang der Menschheit heißt im Zusammenhang mit dem Übermenschen nicht, die Menschheit würde ausgelöscht. Sie könnte durchaus neben der evolutionären Spezies weiter existieren, möglicherweise auch an verschiedenen Orten. Inwieweit das Selbstwertgefühl "zurückzubleiben" dies jedoch zuläßt, ist fraglich.

### 983
**Gesang der Amsel**
Unter unseren Füßen eine dünne Kruste und eine nicht minder schwächliche Sphäre über uns. In uns lebt eine Welt, dessen Gleichgewicht sich mit Mühe aufrechterhält, gelegentlich bedenklich schwankt und unseren armen Geist in beglückende, scheinbare Höhen führt oder ihn verwirrt - nach Belieben. Wenn wir uns aufblasen, fühlen wir uns wie Götter, die die Natur doch im nächsten Augenblick wie ein lästiges Ungeziefer vernichten könnte - nicht einmal zu wollen bräuchte sie es. Und unsere Worte, mit denen wir bestenfalls unseresgleichen zu betören vermögen, sind nicht mehr als der Gesang der Amsel am beginnenden Morgen, nur weniger lieblich, und das Donnern unserer stolzen Raketen ist nur ein rasch verwehender Abendgesang.

### 984
**Alles sagen**
Diese fürchterliche Zeit, die alles aussprechen muß und damit alles seines Zaubers und Wertes beraubt.

## 985
### Lichtjahre entfernt
Was wir grübelnd erahnen, Lichtjahre von uns mag es Wirklichkeit sein.

## 986
### Evolutionäres Wesen
Wenn der Denkende sagt, der Mensch befinde sich auf einer Zwischenstufe der Evolution zu Gott hin, dann bedeutet das, daß er darin allen anderen Wesen gleicht, das Universum "in den Knochen" hat, selbst rudimentärer Ansatz auf Gott hin ist. Aber was ist dieser Gott? Zunächst das (nicht der) Unbekannte, Unbestimmbare, das vor uns zu liegen scheint, aber uns schon trägt, also keineswegs etwas Persönliches. Gott ist nach unserer Vorstellung ein Wort für die bewußte Allmacht, die alles trägt, schafft, in Bewegung hält und, in ichbezogener Weise, uns schützt. Gott im religiösen Sinne stellt für uns auch den Inbegriff von Harmonie, Liebe und Erlösung dar, diese aber nur als ein Teil der bewußt empfundenen Realität. Wir aber wissen letztlich nicht, was für uns als evolutionäres Wesen „gut" ist. Auch wenn wir das manchmal zu wissen glauben, können wir doch nichts über die Kräfte des Universums dezidiert aussagen, in die wir uns den Begriff Gott eingebunden denken.

## 987
### Von der Hoffnung
Wer die Hoffnung hinterfragt verliert sie.

## 988
### Menschliche Bindungen
Lange Bindungen sind Bereicherung – oder Verzicht auf eine eigene Entwicklung.

### 989
**Erfahrungen anderer**
Jeder muß lernen, die Erfahrungen anderer zu ertragen und zu seinem Nutzen zu verarbeiten.

### 990
**Absolutes Wissen**
Da wir nicht das absolute Wissen haben, müssen wir handeln - und dabei stets bereit sein, uns zu berichtigen.

### 991
**Vor der Sintflut**
Wenn der Hirte nicht acht gibt, kann man dann die Schafe dafür verantwortlich machen, daß sie auseinander laufen? Wurde hier etwa die erstmalige Vernichtung „unwerten" Lebens gedacht?

### 992
**Menschsein und Ich**
Wenn wir schließen, daß Menschsein etwas ist, daß auch ohne uns als Individuum existiert, das sich andererseits nur in einem Ich ausdrückt und seine Form findet, dann erscheint es leicht, diese Form zu überwinden. Das eine ist soviel wert wie das andere.

### 993
**Was zählt**
Nur was das Leben in Gang hält zählt.

### 994
**Vollkommenheit**
In einer glücklichen Welt, die sich in Gleichgewicht mit sich selbst befindet, hört jegliche Entwicklung auf, solange dieser Zustand der „Vollkommenheit" andauert; es sei denn, man wird getragen.

### 995
**Von der Wiedergeburt**
Wer wollte sich nicht wichtig nehmen und wiedergeboren werden, so als gäbe es noch etwas zu erledigen?

### 996
**Gott und Mensch**
Es ist nicht vorstellbar, daß sich das Leben in der Symbiose von Gott und Mensch erschöpft.

### 997
**Fester Glaube**
Vorsehung und fester Glaube: Immer wenn du aktiv strebst, wird etwas in deinem Sinne geschehen.

### 998
**Kleines Glück**
Was du Apathie nennst, vielleicht ist es das kleine Glück, das keine falschen Ansprüche mehr kennt.

### 999
**Lebensverachtung**
Wie kann man das Leben verachten, wenn man jedem Käfer am Boden ausweicht?

### 1000
**Überzeugungen**
Man braucht nur mit entsprechendem Nachdruck seine Überzeugungen auszudrücken, es finden sich dann immer welche, die sie teilen.

### 1001
**Zwängen unterworfen**
Es gibt Zwänge im Gefühlsleben des Menschen, die stärker sind als jede Einsicht.

### 1002
**Der Unterschied**
Die Eltern denken in langen Zeiträumen, das Kind an die nächste Stunde.

### 1003
**Nur was wir kennen**
Technische Lösungen nach der Natur zu finden ist grundsätzlich richtig, doch der menschliche Geist braucht Lösungen darüber hinaus, denn die Natur ist nur das, was wir kennen.

### 1004
**Gegenwartsliteratur**
Unsere Literatur sollte stärker aus der Naturwissenschaft schöpfen als bisher. Der Geist der Naturwissenschaft ist auf dem Weg in die Zukunft und holt sich ständig selbst wieder ein. Der Geist der deutschen Gegenwartsliteratur lebt noch zu oft von der Vergangenheit; schlimmer, zu häufig krankt er sich im Kreise.

### 1005
**Begrenzung tut not**
Nicht das Aufgehen in der schier unendlichen Vielfalt unserer Bedürfnisse, sondern deren Begrenzung tut not, die Besinnung auf das Schlichte und auf das rechte Maß.

### 1006
**Wahrhaftigkeit**
Es kommt auf den ethischen Anspruch unserer Aussage an, weniger auf die Wahrheit, denn was wir Wahrheit nennen wird allzu leicht Irrtum. Und selbst unseren Anspruch sollten wir noch hinterfragen, ihn drehen und wenden. Verzweifle nicht, suche in Anspruch und Wahrhaftigkeit die Übereinstimmung mit deinem Selbst.

### 1007
#### Über die Wahrheit
Wir wissen, daß es *die* Wahrheit nicht gibt. Deshalb sind einseitige Bücher wie Goldhagens "Hitlers willige Vollstrecker" so gefährlich, denn sie sind Gift in den Seelen, die sie allzu ernst nehmen.

### 1008
#### Sich nicht mehr wollen
Es wird die Zeit kommen, daß der Mensch sich selber nicht mehr will.

### 1009
#### Nicht nur existieren
Leben heißt nicht nur existieren, Leben ist auch fortschreiten.

### 1010
#### Die jüngste Geschichte
Können wir Heutige zur jüngsten Geschichte überhaupt die richtigen Fragen stellen? Wie aber können wir dann verstehen? Urteilen tun wir allemal.

### 1011
#### Mahatma Gandhi
Was sich zwischen Gandhi und den Engländern abgespielt hat, kann man nur bewundern: Gandhi mit seinem ethischen Anspruch und unerschütterlichen Glauben an die Stärke dieser Ethik, die Engländer, daß sie da „mitgespielt" haben.

### 1012
#### Zuerst was ist
Zuerst einmal gehe davon aus was ist und versuche nicht, es wegzudenken oder wegzuschreiben.

### 1013
**Wahrheit und Lüge**
Wer neun Wahrheiten sagt, dem nimmt man als zehnte auch eine Lüge ab.

### 1014
**Über Gewalt**
Gewalt ja, auch als eruptive Kraft. Sie sei aber gezähmte Gewalt anstatt blinde Gewalt, sei geregelter Wettkampf anstatt mörderischer Krieg, gestaltend anstatt blind wütend.

### 1015
**Anklage**
Vor der Allmacht der Natur schweigen wir zu jeder ihrer „Untaten".

### 1016
**Über sich hinausschaffen**
Warum der Mensch über sich hinausschaffen kann, zumindest über den Ansatz dazu verfügt: Weil es nicht der Mensch ist, der baut, sondern etwas in ihm. Der Mensch richtet zwar alles Schaffen aus nach seinem Vorteil, "seinem Bilde", seinem Nutzen, aber es ist auch Spiel darin und Notwendigkeit, und diese spielen über Grenzen hinaus und schaffen einen Übergang.

### 1017
**Entschluß zum Glück**
Er hat beschlossen Glück zu haben.

### 1018
**Übermensch und Kunst**
Der sogenannte Übermensch gehörte bisher eher in den Bereich der Kunst.

#### 1019
**Im Gestern und Morgen**
Wir Europäer leben viel stärker im Gestern und Morgen, der Südost-Asiate mehr im Heute. Das Morgen interessiert ihn nur aus dem Heute heraus, das Gestern hat er fast schon vergessen. Darin spiegelt sich die üppige, zu jeder Jahreszeit fruchtbare Natur.

#### 1020
**Allmacht und Liebe**
Vor der Allmacht erscheint die Liebe der einzige Zufluchtsort.

#### 1021
**Im Alter**
Keine Frage, Alter heißt sich bescheiden - bis zur Resignation. Es fehlen die Ausbrüche der Jugend, die geträumten Perspektiven - die körperliche Kraft schwindet ohnehin. Nur wer in jungen Jahren einen unverbrauchten Überschuß davon hatte und diesen hinüberretten konnte, der wird im Alter noch einen vitalen Ausgleich finden.

#### 1022
**Vom Denken**
Wenn ich sage ich denke, könnte ich dann nicht auch sagen, es denkt?

#### 1023
**Das Ich und sein Wert**
Die ganze Winzigkeit des Menschen, seine Hilflosigkeit gegenüber der Natur, ergibt sich daraus, daß er sein Ich- und Wertgefühl auf seinesgleichen bezieht - in einem uns unendlich und vielfältig erscheinendem Universum. Diesem gegenüber mögen wir ein Nichts erscheinen, unseresgleichen gegenüber sind wir ein Herr.

## 1024
**Über Unrecht**
Daß man Unrecht als solches benennt, heiße ich menschlich. Das man aber Menschen verfolgt und zur Rechenschaft zieht, die, oft in jungen Jahren und vor langer Zeit und unter anderen Umständen, schuldig geworden sind, aber längst kein Unrecht mehr tun, ist barbarisch. Da herrscht Mangel an Einsicht in die menschliche Natur, ihre Anfälligkeit gegenüber dem Zeitgeist, an die begrenzten Möglichkeiten der Bildung, diese oft nur Anpassung, die uns gleichermaßen schuldig werden läßt und läutert. Man fordert, ein Leben lang zu lernen, das ist auch hier zuzugestehen:.

## 1025
**Wirklich nahe**
Was du für einen Menschen tust, tust du für alle. Nur einem Menschen kann ich wirklich nahe sein, schon bei zweien habe ich mich ein wenig entfernt.

## 1026
**Über Wahrheit**
Wahrheit, das ist doch Empfinden mit geistiger Übereinstimmung.

## 1027
**Unglück der Anderen**
Das Unglück des Anderen, das an uns vorübergeht, erhöht unser Wohlbefinden.

## 1028
**Die Wirklichkeit**
Die individuelle "Wirklichkeit" leitet sich aus den übereinstimmenden Wirklichkeiten der Individuen her, die unser Überleben am vorteilhaftesten sichern.

1029
**Maß an Intelligenz**
Jede Lebensform besitzt die für ihre Lebensumstände adäquate Intelligenz.

1030
**Nur Versuchstier**
Mit deinem Menschsein dienst du einer Sache, einem Spiel, bist darin gar das Versuchstier.

1031
**Von der Einsicht**
Einsicht ohne zu verurteilen heißt, sich selbst einzubringen, heißt werten und ersetzt das Verzeihen.

1032
**Notwendiges Chaos**
Ist der kleine Wahnsinn, das kleine Chaos in dem Hirn des Menschen notwendig? Die sogenannten "Irren", die bis zur Lebensuntüchtigkeit abgleiten, sie bringen das größte Opfer.

1033
**Tausend Fesseln**
Dem Menschen sind tausend Fesseln angelegt. Nur wer sich in Übereinstimmung mit sich selbst fühlt, weiß wer er ist und fühlt sich frei.

1034
**Das sogenannte Böse**
Das sogenannte Böse als das Normale. Deswegen ist die Suche nach dessen Ursachen oft irreführend. Vielmehr ist danach zu suchen, was das Böse begrenzt und fruchtbar macht. Wir aber wehren uns dagegen wie gegen eine Naturgewalt, anstatt sie zu zähmen.

### 1035

**Menschenlos**
Wie er seine Situation so klar sieht und doch so töricht handelt.

### 1036

**Chaos und Ausgleich**
Der Mensch Teil der Natur und wie diese als Ganzes: Chaotisch und mit der Sehnsucht nach Ausgleich.

### 1037

**Vom Humor**
Das Erste, was der Mensch verliert, ist der Humor und das Letzte, was er wieder gewinnt.

### 1038

**Elemente des Lebens**
Fortpflanzen, sich biologisch und geistig fortpflanzen, spielend, nicht zielgerichtet, das sind die Elemente des Lebens und seiner Macht.

### 1039

**Unterschiedlich**
Jene Eigenschaften, die den Einzelnen unter seinesgleichen hervorheben, stimmen nicht unbedingt mit den Anforderungen an die evolutionäre Spezies überein, die zum langfristigen Überleben notwendig sind.

### 1040

**Falsch gelebt**
Wenn ich sage ich habe falsch gelebt, dann muß ich mich von meinen ureigenen Gefühlen lossagen, die oftmals auch meine besten gewesen sind. Vergleichbar geschehen so auch viele sogenannte "Verbrechen" wie selbstverständlich.

### 1041
**Wider-das-Vergessen**
Holocaustgedenken und Wider-das-Vergessen, heißt das nicht auch, sich mit der Vergangenheit einzurichten?

### 1042
**Viel Lärm**
Es ist ein großes Geschrei in der Welt. Es wird immer schwerer darin seinen Ausdruck zu finden.

### 1043
**Offen und direkt**
Offen und direkt zu sein heißt nicht immer Wahrhaftigkeit, sondern allzu leicht Grobheit.

### 1044
**Dem Künstler**
An den Künstler: Stelle nicht das Wie dar, sondern das, was deine Sinne bewegt.

### 1045
**Zwei Welten**
Da steht nun der Mensch, um sich die eigene, seine Welt. Vielleicht hat er zwei Seelen in seiner Brust, jede in ihrer eigenen Welt, mit verwandten, aber doch eigenen Gesetzen. Das fruchtbare, furchtbare Zusammenspiel beginnt erst aus der Spannung zwischen beiden Welten, des einen Gesetzes mit dem anderen.

### 1046
**Über die Wahrheit**
Was ist Wahrheit? Übereinstimmung mit kritischer Frage. Sie ist nicht Folge eines unbestimmten Gefühlchens, das nur seine "Wahrheit", das heißt, seine Bestätigung sucht. Und stets ist sie begrenzt.

## 1047
**Pflicht und Talent**
Er hat ein Leben lang hart gearbeitet und seine Pflicht getan. Ja, aber um welchen Preis? Um den Preis eines erfüllten Lebens oder um den Preis seiner Talente?

## 1048
**Wer alles weiß**
Wer alles weiß, wird nichts mehr wagen-

## 1049
**Der Andere**
Der Andere ist das, was er in uns wach ruft.

## 1050
**Was sonst**
Was sonst kannst du noch als anständig sein?

## 1051
**Vergessen können**
Wer nicht vergessen kann, bleibt anfällig.

## 1052
**Kampf und Kraft**
Kämpfen ja, aber woher die Kraft nehmen?

## 1053
**Vererbung**
Was bisher Vererbung hieß, wird zunehmend Gestaltung heißen.

## 1054
**Aussage als Darstellung**
Du glaubst etwas über eine Sache auszusagen - du kannst dich immer nur selbst darstellen.

### 1055
**Vom Sinn des Lebens**
Solange noch ein Mensch auf dieser Erde hilflos und unverhältnismäßig leidet und wir davon wissen, können wir nicht zweifeln, daß das Leben für uns einen Sinn hat.

### 1056
**Stimmungen**
Ein stimmiges Wort, das in eine auch nur geringfügig veränderte Stimmungslage fällt, verliert schon seine „Wahrheit".

### 1057
**Vielfalt bewahren**
Die Vielfalt des Menschseins zu zerstören wäre genau so wie die Vielfalt in der Natur als Ganzes zu zerstören.

### 1058
**Mensch und Buch**
Wer nicht liest, hat nur bruchstückhaft gelebt. In Büchern hält der Mensch das aus, was das Leben in der Wirklichkeit leidet - oder was es verspricht, aber meist nicht hält.

### 1059
**Bewegung und Stillstand**
Wenn das kleine Rädchen sich dreht, fühlt es sich frei. Wenn alle Räder sich im gleichen Sinne drehen, steht es still.

### 1060
**Verbundene Begriffe**
Lüge? Das erinnert mich an etwas anderes wie Elend, Zwang, Unfreiheit, Gefesseltsein, hemmende oder zerstörerische Unwissenheit.

### 1061
**Fürchterliche Regierung**
Regierungen, die ihr Volk quälen, irreleiten, unterdrükken, hungern lassen wie derzeit in Nordkorea, die gehören nicht an den Verhandlungstisch, die gehören auf die Anklagebank.

### 1062
**Schriftsteller und Erfolg**
Der erfolglose Schriftsteller verliert mit der Zeit das feine Gespür für seine Texte. Mit dem Erfolg aber findet er instinktsicher seinen Weg - leider verliert er dann allzu leicht auch sein Gefühl für seine Wahrheit.

### 1063
**Vom Anschauen**
Der schönste Anblick: Menschen, die etwas schaffen.

### 1064
**Nur ein Teil**
Genauso wie wir nur einen Teil der Wirklichkeit sehen und leben, erkennen wir nur einen Teil ihrer Wahrheit.

### 1065
**Immer da**
Ich glaube, die großen Dinge dieser Welt schwingen in leisen Tönen voraus und nach, irgendwie sind sie immer da. So kann eine empfängliche Seele sie vor der Zeit spüren und im nachhinein Verborgenes deuten.

### 1066
**Glück zählt nicht**
Es geht nicht um das Glück des Menschen, es geht um die Evolution des Lebens. Und da ist manches, das für sein Überleben gefährlich erscheint, auszuhalten.

### 1067
### Kein Bewerten
Jede Lebensäußerung bejaht sich selbst, ohne sich von vornherein zu bewerten.

### 1068
### Glück und Unglück
Selbst wenn dich morgen das große Glück überfällt, dem Unglücklichen von nebenan tut das gar nichts.

### 1069
### Humanität
Grenzen der Humanität: Wenn die Eule keine Mäuse räubert, verhungern die Jungen.

### 1070
### Ein Lächeln
Du kannst die Probleme des menschlichen Daseins nicht lösen, dessen Elend nicht beseitigen, aber du kannst deinem Nachbarn ein Lächeln schenken.

### 1071
### Eins oder zwei
Zur gleichen Zeit, als der 26jährige Albert Einstein 1905 in Bern die Spezielle Relativitätstheorie entwarf, saß in Y ein etwa gleichaltriger junger Mann und hielt schützend seine Hände über eine Blume und wehrte die Hagelkörner ab.

### 1072
### Ohne Erfolg
Andauernde Erfolglosigkeit hemmt den Flug der Gedanken. Gehemmte Gedanken lassen die Gefühle verwachsen und schließlich das Leben verkümmern. Ein Gegenmittel: Distanz und Selbstbeherrschung.

### 1073
**Gebändigte Kräfte**
Das sogenannte Böse in eine Form bringen, dann seine Kraft unter ethischer Prämisse sich entfalten lassen.

### 1074
**Der Handelnde**
Wer handelt, gibt der Zeit ihren Takt.

### 1075
**Forschung, Tier, Ethik**
Vieles von dem, was wir heute mit Abscheu über die medizinischen Versuche an Menschen während der Hitlerherrschaft, und nicht nur dort, lesen, werden unsere Nachfahren eines Tages mit gleichem Abscheu über unseren heutigen Umgang mit Tieren denken.

Wenn ich Tiere zu Forschungszwecken züchte und verzüchte, quäle, lebend seziere, töte, muß ich mir da nicht bei Besinnung auf mein Tun die Frage stellen, wer ich als Mensch eigentlich bin? Gilt Kants Kategorischer Imperativ nur innerhalb unserer Spezies? Wer aber grenzt eine Spezies zur benachbarten ab? Tun wir das, geraten wir dann nicht aus Selbstsucht ans Ende unserer Ethik? Die Ethik sei nicht nur ein Teil unseres menschlichen Seins, sondern erstrecke sich bis an die Grenzen unseres Wirkens im Sein überhaupt, und daran ist sie auch zu messen.

### 1076
**Abstraktes Denken**
Ist Denkvermögen etwas Abstraktes, das unabhängig vom Individuum existiert oder eine an die jeweilige Spezies gebundene Aneignung der Umwelt oder gar beides? Dann wäre die Umwelt mehr als das unseren Sinnen zugängliche.

### 1077
**Gestalten wollen**
Man will nicht nur blinder Erzeuger sein, man will etwas Lebendiges gestalten. Sei dir bewußt, daß du mit deinen eigenen Ansprüchen fremdes Leben gestaltest.

### 1078
**Just politics**
In politics one can pretend action by moving faster on the spot.

### 1079
**Bewußtsein**
Das Bewußtsein ist immer da, auch wenn ich es mir als Individuum nicht dauernd bewußt bin.

### 1080
**Maßvoll**
Lebe gesund, aber mache keine Religion daraus.

### 1081
**Würde des Menschen**
Wenn es eine Würde des Menschen über die allgemeine ethische Haltung im täglichen Umgang miteinander hinaus gibt, dann aus der Variabilität der Gene heraus.

### 1082
**Gefährlich und widerlich**
Aus der Sicht des in seinem Lebensraum freien Tieres ist der eindringende Mensch etwas äußerst Gefährliches, mehr noch, etwas Widerliches.

### 1083
**Frage zu Gott**
Glaubst du an Gott? Dann sage mir: was ist das - Gott?

## 1084
**Formbar bleiben**
Nur in seiner Unvollkommenheit bleibt der Mensch formbar. Der „vollkommene" Mensch wäre das Ende der Spezies.

## 1085
**Glückliche Wandlung**
Glücklich jene Frauen, deren Schönheit sich im Laufe des Lebens in Persönlichkeit wandelt.

## 1086
**Auf die Wunde zeigen**
Wir können die Welt nicht „besser" machen, aber zumindest können wir unseren Zeigefinger auf die Wunde legen.

## 1087
**Doppelte Frage**
Sich Anpassen – wofür? Um zu überleben? – Wofür?

## 1088
**Deine Gefühle**
Du kannst nicht gegen deine Gefühle leben. Du kannst versuchen sie in gewisse Bahnen zu lenken, mußt aber immer damit rechnen, daß sie die Bahnen dehnen oder sprengen. Du solltest sie nicht blind gewähren lassen, ansonsten aber folge ihnen. Und so werden sie dich auf ihrem Rücken tragen in deine Höhe - oder in deinen Abgrund.

## 1089
**Freiheit und Ethik**
Nach individuellen ethischen Maßstäben handeln - eine der großen Freiheiten des Einzelnen.

## 1090
### Gleichen Sinnes
Wer sich in seiner Umgebung nur mit Gleichgesinnten umgibt, der läuft Gefahr seinen Blick über den Tellerrand hinaus zu verlieren.

## 1091
### Unerwünscht
Die Zugeständnisse an das Menschsein, zu denen wir genötigt sind, empfinden wir zeitweise als ekelhaft.

## 1092
### Aus Bruchstücken
In dem Augenblick, in dem ich beginne aus den Bruchstücken meiner Gedanken etwas zusammen zu stellen, gestalte ich etwas Eigenes, mit dem ich mich von mir entferne.

## 1093
### Zunehmende Kenntnis
Mit der zunehmenden Kenntnis seines Selbst und der Welt ist der Drang nach Entwicklung verbunden, nach Aneignung, ja Beherrschung des Verstandenen.

## 1094
### Fragen im Alter
In der Jugend, meist bis weit ins Erwachsenenalter hinein, verteidigt man seine Lebensausübung gegen jegliche Kritik entsprechend dem eigenen Lebensverständnis. Im Alter hat man zu sich selbst jenen Abstand, der aus der Erkenntnis der Vielfalt gewonnen ist und fragt sich: War das wirklich *mein* Leben? Man ordnet sich sozusagen in diese Vielfalt ein und beginnt zu ahnen, dies sei es eigentlich nicht, denn Wünschen und Wollen waren ein anderes.

### 1095
**Der Träumer**
Auch der Träumer will mit seinen Träumen ernst genommen werden.

### 1096
**Von Wegweisern**
Es gibt keinen Wegweiser bis ans Ende der Welt, es gibt nur einen Wegweise bis zur nächsten Ecke.

### 1097
**Gedanken auf Zeit**
Niemand sollte einen einzelnen Gedanken zu ernst nehmen. Er gleicht einem Spiel. Der Zufall mag in einem anderen Kopf den Funken zünden und dort das Spiel fortsetzen. Selbst die besten Gedanken, die herrschenden, befruchtenden, sind dieses nur auf Zeit.

### 1098
**Neue Umwelt**
Die evolutionäre Entwicklung strebt danach, von der Umwelt, in die man hineingeboren, unabhängig zu werden und andere, neue Umwelten in Besitz zu nehmen. Bis dahin war das Überleben dadurch gesichert, daß es sich bestmöglich anpaßte. In der Folge jedoch gilt, sich von der „eingeborenen" Umwelt unabhängig zu machen um zu überleben.

### 1099
**Ehezwist**
Ich will mit dir über unseren Zwist nicht diskutieren, denn die Frage, wer im Recht ist, würde uns entzweien. Das wäre eine Antwort nicht wert, würden wir auch die Meinung des anderen tolerieren. Für das Disputieren und Rechten weiß ich einen anderen Ort.

1100
**Genies als Funken**
Die kolossale Überhöhung einzelner herausragender Gestalten der Geschichte führen wir auf ihre Taten und ihre Wirkung auf uns zurück, während sie doch im wesentlichen Funke waren.

1101
**Mensch und Natur**
Denkbar: Der Mensch als Abbild der anorganischen Natur.

1102
**Nur angenähert**
Mit der Wahrheit in der Naturwissenschaft ist es wie mit der Lichtgeschwindigkeit – man kann sich ihr nur annähern.

1103
**Verbrechen und Erinnern**
Die großen Verbrechen der Menschheit und das Gedenken: Das Wissen um das, was geschehen, ist notwendig; ständiges Erinnern ist von Übel.

1104
**Erzwungene Einsicht**
Die sich vertiefende Kenntnis der Eingebundenheit des Menschen in seine Begrenztheit und oft erschreckende Natur wird uns noch zu der Einsicht zwingen, daß wir aus dem Menschsein hinaus müssen.

1105
**Gläubigkeit anerkennen**
Die Notwendigkeit des Glaubens als Hilfsmittel im Wissensfortschritts anerkennen.

## 1106
**Dichter und Wahrheit**

Den Weg zur Wahrheit einzuschlagen überlassen wir lieber der Wissenschaft, wir Dichter können nur den Boden dafür bereiten und im übrigen den Geruch der uns nährenden Erde in Worte fassen, an die wir gebunden.

## 1107
**Das Ungeheuerliche**

Das Außergewöhnliche, das als nicht faßbares, wahrhaft ungeheuerliches Verbrechen bezeichnet wird, ist nichts anderes als das in der Zeit mögliche und ohne Aussage über eine Rangfolge. Das, was an einem Ort geschieht, ist in verschiedenen Graden in geschichtlicher Zeit geschehen, sofern es dazu die Voraussetzungen, das Zusammenspiel der Kräfte für gerade dieses Ereignis, gegeben hat. Wenn es nicht wieder geschehen wird, sondern in unserem begrenzten Zeitverständnis etwas Einmaliges bleibt, dann weil es zu einer anderen Zeit eine andere Form wählt und sich in der Vielfalt verbirgt. Das wahrhaft Ungeheuerliche bleibt dem Menschen bis ans Ende seiner Tage angeheftet: Nach ihm wird es eine neue, unbekannte Dimension geben, eingeschlossen das wahrhaft Ungeheuerliche, vor dem wir erschrecken.

## 1108
**Vom Leben in dir**

Es kommt nicht auf die Anzahl deiner Lebensjahre an, sondern wieviel Leben noch in dir steckt.

## 1109
**In Maßen verehren**

Da wir es ohnehin nicht vermögen einem Menschen umfassend gerecht zu werden, schadet es nicht, wenn wir ihn seiner Verdienste wegen in Maßen verehren.

### 1110
**Erstaunliche Intelligenz**
Angesichts ihrer körperlichen Begrenztheit verfügen Pflanzen und Tiere über eine erstaunliche Intelligenz.

### 1111
**Vom Gebet**
Beten als erste Stufe der menschlichen Daseinsbewältigung.

### 1112
**Dennoch sagen**
Immer wieder wird ihm die Begrenztheit seiner Aussage bewußt – und dennoch sagt er es.

### 1113
**Das stille Gebet**
Es ist lautlos und einsam, still geht es vorüber, nichts entsteht, nichts bleibt, es ist Reichtum und Isolation zugleich.

### 1114
**Sich erkennen**
„Erkenne dich selbst" – das Spiel mit sich selbst.

### 1115
**Bald unhörbar**
Leiser werden die Stimmen, sie sind wohl zu oft enttäuscht worden.

### 1116
**Unser Schicksal**
Was mich immer wieder beleidigt ist der Gedanke, mit welcher Unerbittlichkeit die Natur unser Schicksal mit der Zeugung festlegt. Soll das so ewig andauern?

### 1117
**Der Wahrheit näher**
Die kalte Feder, die nichts beweist: Das Spiel der Worte und Bewertungen sagt nur etwas aus über den Bewertenden und seine Zeit, es bringt uns der Wahrheit keinen Schritt näher.

### 1118
**Bedürfnisse lenken**
Der Mensch handelt weniger planvoll als nach seinem Willen. Und wer bestimmt seinen Willen? Seine Bedürfnisse.

### 1119
**Eine Zeitenfrage**
Wir haben keine Vergangenheit, sondern nur eine Zukunft aus dem Heute heraus. Von ihr leben wir. Das Vergangene wiederum ist zu einer Dimension der Gegenwart geworden. Je weiter wir das Vergangene ausdehnen, desto mehr bemächtigen wir uns der Gegenwart und umgekehrt und dehnen beide in die Zukunft aus.

### 1120
**Schatten und Abgründe**
Gute Taten ziehen einen Schatten hinter sich her, schlechte einen Abgrund.

### 1121
**Nietzsches Übermensch**
Wer Nietzsches Übermenschbegriff nicht als etwas Reales ansieht, sondern als ein Spiel ins Unbekannte, einen Versuch ins Neue, nie Dagewesene, der kann auch heute noch sehr gut mit diesem Gedanken leben, ihn als Hefe im Teig der Evolution ansehen – wenngleich, ich sagte es bereits, stört das Wort „Mensch" darin.

## 1122
### Nur Metapher
Der Begriff des Übermenschen ist nur eine überkommene Metapher und noch ohne klare und stimmige Begriffsdefinition.

## 1123
### Übermensch
Ich glaube nicht, daß man den Übermenschen isoliert als erstrebenswertes Ziel ansehen kann, sondern als etwas Zweckgebundenes und wohl eher außerhalb der Erde liegend. Die Anpassung an die Erde zeichnet sich zwar durch große Vielfalt aus, die auch den Übermensch denkbar macht, bleibt ihr aber verhaftet, und eine Spezies mehr würde nur die eine, vielleicht letzte Freiheit ausfüllen und damit letztlich zum Ende des Menschen, aber nicht zum entwicklungsfähigen Wesen darüber hinaus führen. Der Mensch der Erde dagegen mag sich bis zu einem gewissen Grade nach ethischen Vorgaben und biologisch im Sinne von mehr Gesundheit weiter entwickeln.

## 1124
### Ehestreit
Der Streit zwischen Ehepartnern ist überflüssig und schadet beiden. Meinungsverschiedenheiten sind auszuhalten. Seine Kraft setze jeder der Partner in der Welt draußen ein.

## 1125
### Gegenwartsliteratur
In der deutschen Literatur der Gegenwart werden zu oft Schwächen, die eigenen Befindlichkeiten breitgetreten. Schick doch die Schriftsteller zum Psychiater, anstatt ihre Werke zum Leser.

### 1126
**Den Feind bekämpfen**
Wenn du eine bedrückende Schwäche in dir entdeckst, bekämpfe sie wie einen Feind.

### 1127
**Vom Transhumanen**
So wie der Affe in den Menschen hineinragt, so der Mensch ins Transhumane. Doch meine ich, der Schritt über den Menschen hinaus ist etwas entscheidend Neues.

### 1128
**Vom Glück**
Streben nach Glück, weil man es sonst nicht aushält.

### 1129
**Unerlöst**
Der Mensch, das unerlöste Tier.

### 1130
**Bewußtsein**
Ist Bewußtheit das Ende des Spiels? Das umfassende Bewußtsein wohl, doch liegt das außerhalb unserer Reichweite.

### 1131
**Es sagen**
„Wie wollen Sie das wissen?"
„Ich weiß es nicht, aber ich sage es."

### 1132
**Nicht aufhören können**
Wozu der Gedanke vom Übermenschen, wenn wir ihn nicht schaffen, ihn nicht auf den Weg bringen können? Weil wir nicht aufhören werden zu spielen.

### 1133
**Über das Fernsehen**

Das Fernsehen nimmt die Sinne zu stark gefangen, die endlos wechselnden Bilder regen zu wenig das Denken an. Daher es nur selektiv unter strenger Auswahl nutzen.

### 1134
**Die „Dritte Welt"**

Fernreisen in die „Dritte Welt": Touristen wie Zoobesucher in einer Umwelt, in der man Menschen in ihrer Umgebung „ausstellt".

### 1135
**Armut beherrschen**

Die Armut beherrschen heißt sie anzunehmen, mehr noch, sie in den Grenzen unseres vitalen Bedarfs zu wollen, um sich so auf das Wesentliche zu konzentrieren.

### 1136
**Gefangene der Erde**

Sollen wir Gefangene der Erde bleiben? Niemals!

### 1137
**Überleben wollen**

Der Mensch will überleben. Soll er sich ändern, verbessern? Er muß den Ausgleich wahren mit seinem Lebensraum, auf mehr kommt es zunächst nicht an, auch nicht auf das Individuum darin. Da ist nur ein ewiger Übergang im Leben. Was aber, wenn der Lebensraum sich erschöpfte oder - erweiterte?

### 1138
**Abschied nehmen**

Wohin? Sollen wir ewig an uns selbst herumdoktern? Sollen wir nicht endlich zum Abschied bereit sein?

## 1139

**Gleichgeschaltet**
Hilflos in der Gleichschaltung: Wie können die Menschen angelernten Wertvorstellungen entgegengesetzt handeln und dabei innere Stärke gewinnen? Durch eine überzeugende und ausrichtende Kraft, folge diese auch einer verquerten Idee, die als solche den eigenen Willen überlagert und sich als bereichernd empfundene Lebensenergie überträgt.

## 1140

**Sekundenschlaf**
Ich bin es müde Mensch zu sein.

## 1141

**Kein Alter**
Eine Frau mit Herz ist alterslos.

## 1142

**Zwillingsforschung**
Betrachte ich mir die Ergebnisse der Zwillingsforschung, dann muß die dargestellte Weltgeschichte umgeschrieben werden.

## 1143

**Im Alter**
Langsam fällt der Körper ab vom Geist.

## 1144

**Es wieder sagen**
Wir hören immer wieder, es sei schon alles gesagt. Ja, alles ist irgendwo und irgendwie schon ein oder mehrere Male gesagt worden. Dennoch, wir müssen es in unserer Zeit wieder sagen, um uns den Gedanken anzueignen, ihn lebendig und die Zukunft offen zu erhalten.

1145

**Vom Kritiker**

Mit seiner Kritik verrät der Kritiker ebensoviel über sich selbst wie über den kritisierten Gegenstand.

1146

**Offene Fragen**

Fragen, die nicht beantwortet werden können, sind offene Fragen und keine Religion.

1147

**Teil der Umwelt**

In der Öffentlichkeit werden wir Teil der Umwelt. Der Mitmensch wird sich an uns reiben oder erheben.

1148

**Personen**

In der Erinnerung werden Personen unser Eigenes.

1149

**Dokumentarisch**

Es gibt keine Erzählung ohne dokumentarischen Hintergrund. Wir müssen das Dokumentarische nur aus seiner Verhüllung befreien und so erkennbar machen.

1150

**Letzte Wahrheit**

Wahrheit als letzter Erkenntnisstand ist die Übereinstimmung unseres Willens mit Erkenntnis und Machtgewinn.

1151

**Mitteleuropa**

Mitteleuropäer unter Spannung. Wer diese Spannungen zu kanalisieren weiß, hat die Seelen in der Hand.

## 1152

**Partnerkonflikte**

Partnerkonflikte vermeiden: Nicht die starken Gefühle des Partners unmittelbar brechen wollen, sich nicht dagegen aufbauen, sondern sie auslaufen lassen. Mit den guten Argumenten warten, bis die dominanten Gefühle abgeklungen sind. Dann mögen Worte wirken.

## 1153

**Stimmungen**

Mache deine Stimmung nicht abhängig vom Glück oder Unglück anderer, lebe aus deiner Mitte.

## 1154

**Der Künstler in uns**

Die Phantasie als Trümmer der Wirklichkeit, vom Künstler in uns neu zusammengesetzt.

## 1155

**Vom Klonen**

Gefahr weniger das Klonen an sich, als daß der Mensch biologisch nicht offen bleibt und erstarrt.

## 1156

**Absolute Freiheit**

Der lange Weg zur absoluten Freiheit, das ist der Weg zur absoluten Macht.

## 1157

**Unser Haus**

Unsere großen Vorderen – wir fußen nur bedingt auf ihnen. Wir kommen in die Welt, finden uns in einem Haus, an dem sie gebaut. So wie es langsam altert und zerfällt, zimmern wir aus seinen Teilen, und fügen neue hinzu, *unser* Haus.

### 1158
### Freiheit und Schicksal
Was du Freiheit nennst, ist nur das was du meinst, es ist die Übereinstimmung mit deinem Schicksal.

### 1159
### Seit alters her
Mit modernen Mitteln verfolgen sie archaische Ziele.

### 1160
### Blinder Haß
Haß - was ist das? Blinder Urtrieb des Vormenschen.

### 1161
### Wünschen und Wollen
Was bedeutet das tausenderlei Wünschen und Wollen? Es ist nichts, denn es raubt dir die große Ruhe für dein Werk.

### 1162
### Vom Leid
Das Leid überwältigt uns vor allem in seiner Summe und in der Vorstellung. In der Wirklichkeit erleben wir es nur individuell und vereinzelt als Teil der Natur, auch der Natur in uns, die damit umgeht.

### 1163
### Belebende Kraft
Stehe ich vor der Unendlichkeit des Alls, vor seiner unvorstellbaren Weite und Kälte, dann sehe ich da nur eine belebende Kraft, die Wärme, symbolisiert durch das Licht. Daß Wärme das Ergebnis von etwas anderem ist, eine Zwischenform, bleibe außer acht. Wenn ich das Abbild des Lichts auf die menschliche Welt übertrage, ist es da falsch, Wärme mit Liebe gleichzusetzen?

### 1164
**Chandos-Briefe**
Wenn ich Hofmannsthals Chandos-Briefe lese, so sehe ich ein einziges großes Gefühl, das über die Gedanken in die Hand wandert.

### 1165
**Erfolg des Schriftstellers**
Der Erfolg des Schriftstellers beginnt dort, wo der Leser sich in seinen schönsten Gedanken und Gefühlen wiederfindet – manchmal auch nur, wo er seine Neugierde und seinen Voyeurismus befriedigt.

### 1166
**Das Andere und wir**
Ein anderes Leben, so entfernt es uns auch erscheinen mag, enthält immer auch etwas von uns.

### 1167
**Vererbung und Gestaltung**
Es wird ein Wechselspiel sein zwischen Vererbung und Gestaltung, die Vererbung wird zur Gestaltung und das Gestaltete vererbt sich.

### 1168
**Keine Kunst**
Die manifestierte Vorstellung, das abgebildete Gefühl allein ist noch keine Kunst.

### 1169
**Übermensch und Macht**
Der Übermenschgedanke ist Ausdruck des menschlichen Machtstrebens: Über-den-Menschen-hinaus gelangen, d. h. losgelöst zu sein von der menschlichen Begrenztheit.

## 1170
### Ein Übergang
Man wird das Rätsel Mensch mehr und mehr lösen und herausfinden, was es heißt, Mensch zu sein. Doch noch bevor die letzten Schleier fallen, will niemand mehr Mensch sein. Das wird der Übergang sein zu etwas völlig Neuem.

## 1171
### Gedanken kreisen
Und die Gedanken kreisen und kreisen und die Gefühle. In einem langen Leben kehren sie immer wieder und finden kein Ziel, bleiben Sehnsucht nach Metamorphose und neuer Form.

## 1172
### Perspektiven tuen not
Ohne die Perspektive Weltraum und Übermensch wird Aldous Huxleys Vision „Brave New World", oder gar George Orwells „Nineteen-eighty-four", wahr werden, oder die Menschen werden an grenzlosem Guttun und an sich selbst ersticken.

## 1173
### Masse des Körpers
Wenn ich mir den Menschen ansehe, den frei getragenen Kopf mit der verhüllten Masse des Körpers darunter, dann ahne ich, daß da etwas nicht stimmt mit unserem schönen Bild vom Menschen.

## 1174
### Widerhall
Unser geistiges Regen gleicht einem Widerhall vieler Leben, mag er laut oder leise sein. Nur manchmal dann ein neuer, ein nie gehörter Ton.

## 1175
**Die soziale Evolution**
Die unterschiedlichen Tempi in der sozialen Evolution: Ein Teil der Gesellschaft verliert die Fähigkeit, ihr in der bisherigen Form zuzugehören, zweigt sich ab, knospet.

## 1176
**Gemeinsame Geschichte**
Das zusammenwachsende Europa: Die dunklen Zeiten in der Geschichte einzelner europäischer Nationen werden zu den dunklen Zeiten in der Geschichte Europas.

## 1177
**Ein Umfassenderes**
Unser Fühlen und Denken ist an das Menschsein gebunden. Aber es ist darin nicht verloren, es ist in ein Umfassenderes eingebettet.

## 1178
**Vielfalt**
Die Vielfalt des Lebens schließt auch die ethische Vielfalt ein.

## 1179
**Geschichte und Werden**
Vom Werden in der Geschichte: Die Geschehnisse fließen, hier und da ein Stocken, ein Widergang, Spannung baut sich auf – dann ein Ruck und die Welt hat sich verändert.

## 1180
**Mit Lust**
Ob auf Erden oder sonstwo im All, ob als Atom, Pflanze, Tier, Mensch oder Übermensch, das höchst Erreichbare bleibt mit Lust seiner Natur zu folgen.

#### 1181
**Selbstorganisation**
Es ist eine gewisse Selbstorganisation in unserem Tun und in der Folge unseres bewußten Handelns.

#### 1182
**Erfolgslehrbücher**
Die sogenannten Erfolgslehrbücher der Weg zum vollkommenen Durchschnitt.

#### 1183
**Wir haben begonnen**
Solange man den Menschen nur nachahmt, „klont" man ihn nur und man wird nicht weit kommen. Man wird ihn verändern müssen, anpassen an neu erkannte, auch außerirdische Lebensumstände. In Ansetzen haben wir damit bereits begonnen, mehr planlos oder auf das Wohl des Einzelnen gerichtet, auf den kleinen Zweck, und bedienen uns dabei einer verhüllenden Sprache.

#### 1184
**Aufbruch zu den Sternen**
Wer wollte das nicht, aufbrechen zu den Sternen, ein Samenkorn ins All pflanzen!

#### 1185
**Ein Paar**
Er ist ein Idiot, sie eine Gans - aber sie sind ein glückliches Paar.

#### 1186
**Vom Willen**
Was ist der Wille anderes als die bewußt empfundene Lebenskraft, die uns gerichtet durchströmt und der wir uns hingeben.

### 1187

**Fataler Blick**

Er fühlt sich dem Meere gleich. Schaut er darüber hinaus, scheint es ihm leer, nichts hindert seinen Blick.

### 1188

**Persönlichkeit**

Wo bleibt deine Persönlichkeit? Reagiere weniger auf deine menschliche Umwelt, lebe mehr aus dir selbst.

### 1189

**Zwiesprache**

Zwiesprache mit einem Ungeborenen.

> Mutter: Mein Junge, du sollst nun geboren werden. Sag etwas.
> Sohn: Mutter, sage mir, was heißt es, geboren zu werden, ein Mensch zu sein?
> Mutter: Mein Sohn, Menschsein ist mehr Mühsal als Glück, Leid und Freud, und am Ende steht der Tod.
> Sohn: Mutter, was ist das – Tod?
> Mutter: Mein Sohn, der Tod, das ist Nichtsein.
> Sohn: Mühsal und Glück, Freud und Leid kenne ich nicht, Mutter, aber das Nichtsein, das kenne ich. Die anderen, die will ich nicht. Im Nichtsein, da laß mich ewiglich.
> Mutter: Mein Sohn, etwas habe ich dir noch nicht gesagt.
> Sohn: Sprich, Mutter.
> Mutter: Junge, es ist da noch die Lust. Sie ist mehr als Freude und Glück. Die Lust ist tief und kurz, ist hell und ewiglich.
> Sohn: Mutter, liebste Mutter, das Nichtsein ist lang und dunkel. Ich will die Lust, hell, tief und kurz - und doch ewiglich.

## 1190
**Wege weisen**
Das Genie im Stimmengewirr der Markstein für den Einzelnen wie für die Menschheit, der eine Wegstrecke weist.

## 1191
**Leistungsgrenzen**
Viele erreichen ihre Leistungsgrenze selten, wenige andauernd.

## 1192
**Außerirdisch**
Suche nach außerirdischem Leben: Der höhere Entwicklungstand entdeckt den niederen, nicht umgekehrt.

## 1193
**Führende**
Die großen, mitreißenden Führer in Politik und Wirtschaft sind sowohl Zerstörer wie Gestalter. Es ist die Gefahr, daß ihre starke Ausstrahlung blendet, ihre Vitalität blind mitreißt und ihre Kraft betäubt. Geht ihnen eine hohe geistige Substanz ab, bleiben sie zu sehr ichbezogen. Dann sind sie rechtzeitig zu zügeln. Was den in die Zukunft wirkenden Gestalten not tut: Kritikfähigkeit und über das Ich hinausgehender Überblick, sich unter Gleichen als eingebunden verstehend, schlicht Augenmaß. Andernfalls tobt sich die überbordende Kraft letztendlich zerstörerisch aus und gelangt nur scheinbar über den Tag hinaus.

## 1194
**Fußspuren**
Leben wozu? Geh, und frage nicht, aber hinterlasse Fußspuren, wo immer du gehst.

## 1195

**Vom Selbstsein**

Warum willst du ein anderer sein, warum bist du dein Leben lang nicht du selbst? Fürchte dich nicht, du bist nicht das Untier, das ist nur ein Teil von dir. Du bist die gewichtete Summe deiner selbst.

## 1196

**Antisemitismus**

Ist der Antisemitismus etwas anderes als die Abwehr von etwas als fremd Empfundenem? Wohl kaum. Gefährlich wird er in Verbindung mit Ideologie und Aggressivität. Seinen besonderen Rang und Ausgang im Abendland erhält er durch die nachwirkenden Leiden Jesu und die lange Geschichte des Judentums, erlebt in der Nähe und aus der Ferne, letzteres heute verstärkt durch die unerträglichen Geschehnisse in Palästina.

Eine Trennung von Juden und Israelis erscheint mir gekünstelt. Allerdings unterscheiden wir zwischen Individuum und Staat.

Und so meine ich, begegnen wir dem Fremden als Einzelnen und beurteilen wir ihn als Einzelnen, - wie uns selbst. Am Ende wird er uns so zu einem Bild nach unserem Bilde.

## 1197

**Leben und All**

Das Leben stammt aus dem All, im Gewächshaus Erde hat es sich entwickelt, und dergestalt wird es ins All zurückkehren und etwas Neues bilden.

## 1198

**Worte und Begriffe**

Hänge dich nicht an Worte und Begriffe, sie sind austauschbar. Nur dein Herzblut gibt ihnen Gewicht.

## 1199
### Zusammenhänge
Das Denken in Zusammenhängen ist wichtig. Erst so wird das fokussierende Denken fruchtbar.

## 1200
### Vom Gutsein
Gutsein eine Frage der Umstände. Ein Insekt befreie ich, tausend fange ich.

## 1201
### Verbrechen
Die schlimmsten Verbrechen sind immer die, welche gerade geschehen.

## 1202
### Evolution
Irgendwo bricht sich irgendwann und irgendwie die zukunftsgerichtete Evolution Bahn. Was oder wer da zurückbleibt, wird erstarren.

## 1203
### Vom Ausgleich mit sich
Die Schwierigkeit des Ausgleich mit sich selbst, wenn äußere Zwänge, z. B. aus dem ungeliebten Beruf, hineinwirken. Um so mehr müssen wir uns dann besinnen und beschränken auf das Wesentliche. Jeder Mensch ist vielseitig veranlagt. Es gibt immer einen Ausweg, einen neuen Weg, indem man seine Grenzen erkennt und sich seiner Erfolge aus der Kindheit und Jugend erinnert, auch der kleinen, die uns damals schon etwas aufgezeigt haben. Vielleicht liegt hier eine unserer Stärken, die es zu prüfen gilt. Die meisten aber scheitern an ihren unkontrollierten Träumen, weil diese Grenzen überfliegen und sie diese nicht erkennen.

## 1204
**Kultur umfassend**
Kultur ist Ausformung. In ihrer Metamorphose ist sie nicht auf den Menschen beschränkt. Sie erstreckt sich, genauso wie Intelligenz und Bewußtsein, auch auf das Tier, ja selbst in der Pflanze ist sie schon angelegt.

## 1205
**Nutzlose Kunst**
Wir sprechen von nutzloser Kunst angesichts lebenserhaltender Anforderungen an uns. Und was ist mit den Tagträumen im Büro, auf der Straße, in der Bahn und Daheim? Sie gehören zum Rhythmus unseres Seins, sind dessen Bestandteil, auch wenn wir mit ihnen nichts schaffen und sie uns keine Anerkennung bringen.

## 1206
**Aussagen**
Mit jeder Aussage umschreiben wir nur einen winzigen Ausschnitt des ganzen Sein.

## 1207
**Der Unterschied**
Heute bin ich wie tot, morgen blutvoll rot. Was macht den Unterschied? Serotonin? Ja, so *scheint* es.

## 1208
**Von der Weisheit**
Was uns für die Weisheit einnimmt ist der Ausgleich und die überlegene, entspannende Ruhe.

## 1209
**Weisheit und Erfahrung**
Es gibt Menschen, die werden als Weise geboren. Allein, es fehlen ihnen noch die Erfahrungen.

## 1210
### Individuelle Weisheit

Wer glaubt, die Weisheit sei Folge der bis ins Alter gesammelten Erfahrungen, der irrt. Wie jedes Lebensalter seine Erfahrungen hat, so hat jedes Leben seine Weisheit. Wer aber nicht inne hält und reflektiert und keinen Abstand zu sich und den Dingen gewinnt, dem helfen weder Erfahrungen noch findet er zur Weisheit.

## 1211
### Suche nach Wahrheit

Der Ergraute, er ist so unendlich lange schon auf der Suche nach der Wahrheit seines Lebens. Nun, in hohen Jahren, wähnt er sich am Ziel. Und doch, den Anfang des Fadens, den findet er nicht.

## 1212
### Vor unseren Augen

Wir haben die Neigung, in die Tiefe zu graben, vermuten dort die Lösung - oder blicken in die Höhe über uns. Aber vielleicht liegt die Lösung weder dort unten noch dort oben, vielleicht liegt sie direkt vor unseren Augen, nur sehen wir sie nicht.

## 1213
### Roboter

Die gelungene Konstruktion von Robotern Zukunftsmusik? Aber haben wir sie nicht schon längst, die intelligenten Roboter, die so stolz sind auf ihr individuelles Bewußtsein und ihren „freien" Willen?

## 1214
### Wertvollstes Gut

Wann wird dir endlich bewußt, daß dein Körper dein wertvollstes Gut ist und du danach handeln mußt!

### 1215

**So ein Mensch**

Das Herz ist böse, das Gesicht grollt. Was macht so ein Mensch? Seine Grenzen suchen, anerkennen und seinen kleinen Vorteil in der menschlichen Gesellschaft suchen.

### 1216

**Eigenes Ich**

Kann der Andere nicht so sein wie ich? Nein, er kann es nicht, denn er ist ein eigenes Ich. Du aber, du kannst eine Brücke bauen.

### 1217

**Orientierung**

Was die junge Seele braucht ist Orientierung – und mancher Erwachsene auch. Gut, doch wer gibt ihnen die Kraft? – Du trägst sie in dir, in den kleinen Schritten.

### 1218

**Viele Chancen**

Sei gewiß, du lebst nur dieses eine Mal. Doch denke daran, der Chancen in deinem Leben sind es viele. Entdecke und versuche sie.

### 1219

**Niederlagen mit Folgen**

Hm, ein Land in dem man die Niederlagen feiert wie andernorts die Siege: Was sagt das aus über dieses Land, und was hat das für Folgen für die Psyche dieses Volkes?

### 1220

**Immer Gefangener**

Und vereintest du in dir auch alle Macht dieser Welt, du bliebest doch ihr Gefangener.

## 1221
**Homo sapiens**
Vor dem Äffchen im Labor ist er ein würdiger Herr, der das Geschöpf in seinem Namen quält. Vor seinesgleichen und embryonal liegt er im Staube. Was ist das für eine Ethik?

## 1222
**Die Aussage**
Jede Aussage ist genau so stark, wie sie im Einzelnen etwas aktiviert.

## 1223
**Sei der du bist**
Mein Freund, ich möchte nicht daß du so bist wie ich. Ich möchte, daß du so bist, wie ich dich in deinen schönsten Augenblicken kenne.

## 1224
**Nur Zeichen**
Nehmen wir unsere Worte und unser Tun doch nicht gar so wichtig. Es sind nur Zeichen. Sie flackern auf wie aus dem Nichts, ein flüchtiger Widerschein, und schon verlöschen sie wieder in der Tiefe von Raum und Zeit.

## 1225
**Letztes Wort**
Ich hoffe, man hat verstanden: Manch bittere Medizin, manch erfrischender Trank. –
Und ein letztes Wort: Vergiß das Lachen nicht, niemals.

\*

**Anstatt eines Nachworts** zu den Aphorismen sei auf den einleitenden Text „Zu diesem Buch" auf Seite 2 verwiesen, der nicht nur einführt, sondern dem interessierten Leser auch erklärt.

# Anhang in Versen

## Leidenschaft

Kommt sie wieder, Geißel meines Willens?
Wie sie lüsternd höhnt, mich lockend packt
Und in die verhaßte Kette zwingt.

Lächelnd naht sie tändelnd,
Sinnenvoll trunken, hingesunken -.
Sie faßt mich an! – Teuf'lin!

Und der Sinn wird dunkel, Wasser brausen.
Klirrend schlagen Ketten aneinander,
Schmerzend bäumt das Ich sich auf.

Zitternd steh ich, will die Kett` zerreißen.
Ach, so müde fällt mein Haupt hernieder.
Laß die Zeit sie zwingen, ich kann nicht mehr.

## Zartes Erwachen

Blütenknospenkelch,
Verbirgst dein Antlitz mir,
Die süße Fülle,
Aus tautrunkenem Morgen.

Was sinnt dein verborgnes
Träumen nur?
Welch zarter Kuß
Zittert wie ein Hauch
Über dein Erwachen?
Dein Herz erglüht,
Zitternd voll Verlangen.

Aus tönernen Tiefen
Bricht's strahlend hervor -
O freudetrunkenes Licht.
Jubel ist das Wort:
Der Kelch ist aufgegangen.

## Meeresrufen

Jüngst war es,
Da ich am Meere saß,
Und still hinausschaute
Auf das bleierne Klingen
Der silbernen Flut.

Und lange saß ich dort,
Fühlt es widerrauschen in mir.
Träumend hielt ich das ganze All umfangen
In des Meeres Melodie.

Wohl hab zu lang ich dort gesessen,
Ewig ruft mich jetzt das Meer.

## Sternenlicht

Ein Stern steht am Himmel,
Ruhig und klar,
Und leuchtet meiner Sehnsucht.

Sein Licht zittert wie
Ein Hauch durch die Nacht
Und berührt mein Herz.

Er aber wandelt seine Bahn,
Kalt und stumm.

## Dunkle Tage

Wie schlichen diese Tage,
Tiere mit siechen Blicken,
Über die Einöde in mir.

Wie stürzte die Einsamkeit
Da in ein Grab,
So schaurig öde in mir.

Ich wollt' mein Haupt beugen
Und meinen Blick versenken
In den Bruch in mir.

Ach - krallend hielt der
Abgrund mich gefangen.
Ihm bin ich ganz verfallen.
Der Wahnsinn bricht auf in mir.

## Einsamkeit

Verfluchte Kammer -
Einsamkeit.
Berührt dich,
Verführt dich.

Erhebe dich!

## Gequälte Liebe

Was stehst du,
fliehend halb,
halb noch zögernd.

O hör mein Fleh'n:
Ergib dich,
ergib dich mir ganz.

Davon. – Entfloh'n.
O komm zurück,
einmal noch.

Kind , ach Kind,
ich liebe,
liebe dich.

## Blicke

Aber Schatz,
ich frage dich:
Spottet dein Herz
oder nur dein Blick?

## Der Tod

Wir gehen durch den Tag zum Abend hin,
holen weit aus um das Leben zu nehmen,
und sehen nicht das Unbegreifliche darin.

Wir drängen hinaus mit unserem Sehnen,
unsere Hände schaffen alles Seienden Sinn.
Kein Ding ist zu gering für unser Streben,
wir glauben zu fassen den Weltenlauf.

Wo immer wir gehen
steht er daneben,
streckt dann seine Hand aus
und unterbricht unseren Lauf.

## Das Bild

Aber dieses Bild,
es kann nicht trügen,
nicht diese Augen,
dieses Lächeln nicht.

Und wär's ein Traum,
ich folgt' ihm willig,
und sei gerettet
oder - verdammt.

## Das fremde Herz

Hielt ich nicht hier,
in diesen Händen
das fremde Herz?

Und schlug es nicht
glutvoll, liebestoll?
S'ist zersprungen.

Achtlos stoßen
eilende Füße
die Scherben dort.

## Klage

Klage nicht, wundes Herz.
Siehe, trübe und feucht auch
steht draußen der Tag.

Der Herbst geht durch die Bäume
und nahe am Haus vorbei.
Blätter fallen. - Mich friert.

## Die Uhr

Die rechte Zeit vermögen wir selbst zu wählen
und den kurzen Weg durch die Straße
und den Tee bereiten am späten Abend.

Aber wenn uns jene Träume umkreisen
und fortreißen von allen vertrauten Dingen,
wo lächeln uns dann die klaren, rettenden Augen?

## Dhammayangyi Lied

*Dhammayangyi, Dhammayangyi,*
*I love you, I love you.*
*You are like a mountain,*
*You are like a mountain,*
*In my heart, in my heart.*

*Dhammayangyi, Dhammayangyi,*
*I love you, I love you.*
*Do you hear the laughing,*
*Do you hear the laughing,*
*Around you, around you.*

*Dhammayangyi, Dhammayangyi,*
*I love you, I love you.*
*You are my rising sun,*
*You are my rising sun,*
*Wherever I go, wherever I go.*

*Dhammayangyi, Dhammayangyi,*
*I love you, I love you.*
*I am far away and,*
*I am far away and*
*Longing for you, longing for you.*

*Dhammayangyi, Dhammayangyi,*
*I love you, I love you.*
*One day I shall be buried,*
*One day I shall be buried,*
*Nearby you, nearby you.*

Melodie nach "Bruder Jakob".

## Little Red Tigress of Dhammayangyi - Temple of Pagan

In the wide fields there is
something big and colossal,
mounting up to the blue sky. Wide
are the fields and quiet around you
- mighty Dhammayangyi.

But what rushes on your endless
brownish slopes, something reddish,
something quick and inconspicuous?
Up it goes, stops and listens and
looks around. Ah, it's the little red
tigress of Dhammayangyi.

O little red tigress, I watched you
that moonlight night, so silent
all the dark shiny slopes.
And Dhammayangyi's mightiness
Stretched out across all the fields,
Dhammayangyi everywhere, black
slopes grew up to the silvery moon.

Moonlight stood around his mighty
black neck. And there again, this
reddish rushing spot, up it went,
listening in silence and slowly
turned round and round the slopes
and up and down it jumped - little
red tigress of Dhammayangyi.

Then it faded away, the night, the
moon, the light, the shadows and -
the little red tigress. Bright and
lazy in the sun Dhammayangyi
spread its brownish masses under
the breath of the sun. From deep
down there arose giggling and
laughing and coloured spots of
children running here and there,
up and down the Dhammayangyi.

Still I remained sitting quietly,
my eyes searched all around
Dhammayangyi's lightened slopes,
around and around and up and down,
searched for a rushing reddish
spot and couldn't find it any more,
looked around and around, up and
down, and alas, at last I found it -
down deep in my heart - my little
red tigress of Dhammayangyi.

\*